构建区域教研共同体的探索
培养初中生自主能力的
英语教学模式研究与实践

何润青 / 著

全国百佳图书出版单位
吉林出版集团股份有限公司

图书在版编目（CIP）数据

构建区域教研共同体的探索：培养初中生自主能力
的英语教学模式研究与实践 / 何润青著. -- 长春：吉
林出版集团股份有限公司，2020.5

ISBN 978-7-5581-8483-3

Ⅰ.①构… Ⅱ.①何… Ⅲ.①英语课—教学研究—初
中 Ⅳ.①G633.412

中国版本图书馆CIP数据核字（2020）第056922号

GOUJIAN QUYU JIAOYAN GONGTONGTI DE TANSUO：PEIYANG CHUZHONGSHENG ZIZHU NENGLI DE YINGYU
JIAOXUE MOSHI YANJIU YU SHIJIAN

构建区域教研共同体的探索：培养初中生自主能力的英语教学模式研究与实践

著　何润青
责任编辑：沈丽娟
技术编辑：王会莲
封面设计：姜　龙
开　　本：787mm×1092mm　　1/16
字　　数：276千字
印　　张：13.375
版　　次：2022年6月第1版
印　　次：2022年6月第1次印刷

出　　版：吉林出版集团股份有限公司
发　　行：吉林出版集团外语教育有限公司
地　　址：长春市福祉大路5788号龙腾国际大厦B座7层
电　　话：总编办：0431-81629929
印　　刷：长春市昌信电脑图文制作有限公司

ISBN 978-7-5581-8483-3　　　　定　　价：58.00元

关于自主学习，古代中国以及古代西方早有论述。中国自古就有"授人以鱼，不如授人以渔"的说法，强调教师不仅要传授知识给学生，更应该给学生传授学习的策略与方法，使其实现可持续的自主学习。无独有偶，古希腊教育学家苏格拉底提出的"产婆术"，也体现自主学习的思想。苏格拉底强调教师在学生的学习过程中是引导者，学生通过领悟从而达到掌握知识的目的。由此可见，自主学习的理念在古代中西方早有论述。

外语教学领域关于自主学习系统化、理论化的研究始于20世纪70年代末80年代初。Holec（1981）在其著作《自主性与外语学习》中首次将自主学习的概念引入二语习得与外语教学领域。随着英语教学改革的推进与英语学科核心素养的提出，自主学习能力作为核心素养框架的核心与本质，对其他关键能力的发展具有引领作用。然而，在教学实践的过程中，不少教师依然将英语教学单纯作为语言知识的传授过程，习惯于"满堂灌"，而忽略了学生自主学习能力的培养。长此以往，这种教学方式将会限制学生的学科发展，甚至是终身发展。因此，如何通过提升自主学习能力帮助学生实现学科核心素养发展是佛山市教育局教学研究室（以下简称佛山市教研室）近年来的研究重点。自2010年始，佛山市教研室中学英语教研员何润青主持开展了佛山市中小学"有效教学"专题研究"初中英语有效课堂教学模式的研究"（已结题）、广东省教育厅"十二五"规划的"培养学生自主学习能力的初中英语教学模式的研究"（已结题）、全国教育信息技术研究重点课题"人工智能加持的英语掌握式学习模式的创新研究"（进行中），参与华南师范大学黄丽燕教授主持的"初中生英语学习能力协同研究模式的构建与实践"并成为主要研究者（该项目获2019年广东省基础教育创新成果一等奖），研究的积淀较为深厚，为本书的撰写奠定了厚实的基础。

　　本书分为六部分：第一部分为理论研究，包含四章，分别从"自主能力""教学模式""外语学习策略""掌握学习理论"四个概念进行论述。第二部分为研究综述，从"研究背景""研究过程"，对本研究的大致情况进行了阐释。第三、四、五部分分别对应本研究的三个阶段，本研究分为三个阶段，分别是初步构建阶段（2010—2013年）、完善与发展阶段（2013—2017年）、创新与突破阶段（2017年—至今）。不同的阶段有着不同的鲜明的研究问题与教学模式，每个新的阶段既是对前一个阶段的教学实践成果的总结与延用，也是基于上一阶段的反思与改进。在初步构建阶段中，佛山市教研室以"有效教学"为研究核心，基于听说、读写、语言运用以及语法课四种课型构建了有效教学模式。在完善与发展阶段中，佛山市教研室着眼于通过培养学生的外语学习策略达到培养学生自主学习能力的目的。在这个阶段，佛山市教研室根据华南师范大学黄丽燕教授在"策略促自主学习英语教学模式研究"中提出的"EEA"教学模式，开展适合佛山实际的培养学生自主学习能力的初中英语教学实践，课例涵盖七年级到九年级三个年级，包含听说、阅读、写作、语法四种课型，每个课例均由体验（导入与输出）、探究（理解与内化）、策略指导（示范与练习）、自主学习（应用与反思）组成。在创新与突破阶段，随着人工智能、"互联网+"等概念的提出，佛山市教研室英语学科组的研究聚焦于两方面："互联网+微课资源建设"、数据驱动下教学模式的变革。"互联网+微课资源建设"着眼于利用微课资源提升学生的自主学习能力。微课资源以九年级英语模块话题为主线，设计了"微课系列"资源包，把微课划分为四种类型，分别是导学型微课、语法型微课、专题型微课和拓展型微课。关于数据驱动下教学模式的变革，佛山市教研室课题组基于布鲁姆的"掌握学习理论"提出"人工智能加持的英语掌握式教学模式（AI+SCP）"，分别探究课前、课中、课后培养学生自主学习的教学途径。而第六部分为研究者的思考，对本研究进行总结、提炼与升华。

　　在本书出版之际，在此要特别感谢华南师范大学黄丽燕教授在整个研究过程中的智慧引领，以及华南师范大学华子荀博士后在此书撰写过程中的指导。此外，还要感谢为本书撰写作出贡献的老师以及他们的团队，包括佛山市禅城区教育发展中心沈文莉老师，佛山市南海区教育发展研究中心关敬章老师，佛山市顺德区第一中学外国语学校夏嘉琪老师，佛山市第六中学郑俏盈老师，佛山市第三中学初中部陈云英老师，佛山市华英学校陈碧昆、陈正尧、钱庆华老师，佛山市实验学校麦瑞仪、孙延丽、冯敏仪、刘斯、李嘉茵老师，佛山市第四中学张晓丹老师，佛山市南海外国语学校卢静仪、温俊岳、陈思华、张倩倩老师，佛山市三水区西南中学胡英尧老师，佛山市顺德区翁祐中学石博老师，佛山市南海区桂江第一中学岑懿晖老师以及佛山市南庄镇第三中学黄熙瑶老师。正是有这些单位的老师积极参与，并深耕课堂、善于总结，本书才得以顺利完成。

因本人水平有限，书中如有偏颇疏漏之处，敬请读者批评指正！

何润青

2019年12月于佛山

目录

第三篇　初步构建阶段（2010—2013年）

第四篇　完善与发展阶段（2013—2017年）

第五篇　创新与突破阶段（2017年—至今）

第六篇　研究总结

第一篇

理论研究

第 一 章

关于自主能力

第一节　概念的界定

本书所提出的"自主"实际是"自主学习"的缩略。关于自主学习的定义，学者、专家都有不同的描述，主要从学习模式、学习方式、自我发展过程等角度定义。如：

程晓堂（1999）[①]认为自主学习有以下三方面的含义：一是指学习者的态度、能力和学习策略等多方面因素综合而成的一种主导学习的内在机制，即学习者指导以及控制自己学习的能力；二是指学习者对自己的目标、内容、方法以及使用材料的控制权；三是指一种学习模式，即学习者在总体教育目标的宏观调控下，在教师的指导下，根据自身条件和需要制订并完成具体学习目标的学习模式。

余文森（2001）[②]认为自主学习是指学生自己掌握自己的学习，是与他主学习相对立的一种学习方式。

王笃勤（2002）[③]提出自主性学习实际上就是学习者管理自己的学习行

---

① 程晓堂.论自主学习［J］.教育学报，1999（9）：32-35.

② 余文森.略谈主体性与自主学习［J］.教育探索，2001（12）：32-33.

③ 王笃勤.大学英语自主学习能力的培养［J］.外语界，2002（05）：18-24.

为，根据自己的情况确定学习目标、制定学习计划、选择学习方式、监控学习过程、实施学习计划、运用学习技能并进行自我检查评估以求自我发展的过程，认为其核心是自我监控。

本书更倾向于把自主学习定义为一种学习方式，即学习者能根据自己的学习基础和能力，恰当运用学习策略体系，以选择学习内容和学习方式，监控学习过程，并能对自身学习效果进行评估的学习方式。自主学习能力就是学习者具备运用以上学习方式的能力。

第二节　自主能力的构成

"自主学习"作为一种能力，又包含什么内容呢？不同学者对"自主学习能力"的构成提出不同的见解。

Holec（1979）[1]认为"自主学习能力"是指学习者能够根据自身实际"确立学习目标、制订学习计划、选择学习方式、监控学习过程、监控学习计划的实施、运用学习技能、评价学习成果"。

Dickinson（1987）[2]则倾向于将自主学习看作是一个学习者对自身实现所有学习目标自我负责的情境。他指出"自主"即"学习者对所有学习上的决定和这些决定的完成负完全责任的情形"且"自主学习既是一种学习态度，又是一种独立学习的能力"。这里提到的态度是指对自己的学习过程负责，以及在学习过程中做出决策和反思的能力。

---

① Holec H.Autonomy and Foreign Language Learning ［J］.*Communicative Competence*，1979：65.

② L.Dickinson.& A.Wenden.Autonomy，self-direction and self-access in language teaching and learning ［J］.*Special Issue of System*，1995（23）：151-164.

Little（1991）[①]把自主学习界定为三种能力，分别是"进行客观的、评判性反思能力，做出决策的能力以及采取独立行动的能力"。

Benson & Voller（1997）[②]提出自主学习概念应该涵盖的五个方面，分别是：学习者的学习完全依靠自己、在自我指导的学习过程中可以学到或用到一整套技能、一种与生俱来的却被单调而重复的学校教育所抑制的能力、学习者对自己的学习所行使的责任和学习者确定自己的学习目标的权利。

Pintrich（2004）[③]将自主学习分为三个阶段：前瞻与计划阶段、监控学习阶段及反思学习阶段。在前瞻与计划阶段，学习者能够分析学习任务、设立特定的学习目标、判断学习困难等。在监控学习阶段，学习者能够采取认知策略取得学习进步、评价认知策略的有效性、调动学习动机，Pintrich还特别提到在这个过程中教师监控与针对性指导的重要性。在反思学习阶段，学习者能够评价学习成果、评价学习策略的有效性、对学习成果产生体验。反思阶段的反馈又将继续影响学习者未来的学习计划与目标设置，如此循环。

Zimmerman（1992）[④]以社会认知理论作为理论框架，开发"用于自然情境中自主学习结构化的访谈框架"（Self-regulated Learning Interview Schedule），其中包含14个类别的自主学习行为，分别是：自我评价、组织和转化、目标计划与设定、信息搜索、坚持记笔记和自我监控、环境结构、自尊、练习和记忆、求助、回顾记录。这14个自主学习行为较为全面地涵盖了学习者在自主学习中可能采取到的认知及元认知策略。此外Zimmerman还界定了6种不同的学习情境：在教室情境中、在家学习、完成协作任务时、完成困难任务时、准备测试及参加测试时、学习缺乏动力时。

---

① Little, D.Learner Autonomy 1: definitions, issues and problems［M］.Dublin: Authentik, 1991.

② Benson I P, Voller P.Autonomy and Independence in Lan-guage Learning［M］.London: Longman, 1997.

③ Pintrich P R .A Conceptual Framework for Assessing Motivation and Self-Regulated Learning in College Students［J］.Educational Psychology Review, 2004, 16（4）: 385-407.

④ Barry J.Zimmerman.Self-Regulated Learning and Academic Achievement: An Overview［J］.Educational Psychologist, 1989, 25（1）: 3-17.

何基生（2009）[①]认为，一般自主学习能力可归结为四种能力：一是自我定向能力，包括制定学习目标、确定学习内容、制定学习计划；二是应用学习策略能力，包括利用信息资源的能力、学习合作能力；三是自我监控能力，包括自我定向型的学习监控能力（如学生对自己的学习观念、兴趣、动机水平、情绪状态进行调节的能力）以及任务指向性的学习监控能力（如学生对学习目标、学习任务、学习材料、学习方法等任务操作因素进行调控的能力）；四是自我评价能力，也就是自我反省能力、自我总结能力。

郭继荣、戴炜栋（2011）[②]在进行大学生英语自主学习评价实证研究中，从学生、教师、环境三个维度出发，设计了自主学习评价指标体系。其中该评价指标体系将自主学习能力分为八个维度，分别为学习目的与动机、学习观念、目标设定、学习内容选择、进程控制、学习策略使用、学习反思与改进以及学习结果评估。

郭文娟、刘洁玲（2017）在Zimmerman的基础上对自主学习能力的测评体系分了四个维度：认知策略的使用、元认知策略的使用、资源管理策略以及动机。并设计出自主学习能力的课堂观察框架以及自主学习能力访谈框架。自主学习能力表现维度分别为：

（1）认知能力，包括复述、联系、组织、批判性思维等。

（2）元认知能力，包括元认知知识、元认知监控与调节。

（3）资源管理能力，包括自我资源管理、外界资源管理。

（4）动机，包括内部动机、外部动机、自我效能感、考试焦虑。

随着对自主学习能力研究的不断深入，自主学习能力的内涵与构成不断丰富与完善，自主学习能力的构成从最基本的认知层面、元认知层面，到关注动机、资源管理等层面。自主学习能力构成不仅关注学习者本身的能力水平（强调学习者调动自身的认知策略与元认知策略解决问题），还关注学习者的心理特征（调动学习动机完成学习任务），更关注学习过程中的社会性（运用资源管理策略促进学习目标达成）。

---

① 何基生.学生自主学习能力的内涵、构成及动态分析［J］.教育评论，2009（2）：81-83.
② 郭继荣，戴炜栋.大学生英语自主学习评价实证研究［J］.外语界，2011（6）：79-87.

第三节　影响自主能力的因素

　　不同的研究表明，自主学习能力会受到不同因素的影响。一般来说，影响自主学习能力的因素分为外部和内部两类。外部因素包括社会文化、同辈群体、学习环境、教育技术、家庭、教师等影响，内部因素包括学习动机、认知和元认知策略、学习风格、自尊、年龄、目标设置、自我效能感（徐锦芬，2004）[1]。除此以外，学习者的认知水平、认知风格、心理发展水平等也对自主学习能力产生影响（庞维国，2001）[2]。郭继荣、戴炜栋（2011）[3]从影响大学生自主学习的学生、教师、环境三个维度构建了包含15个要素的自主学习评价表；其中学生维度包含学习目的与动机、学习观念、目标设定、学习内容选择、进程控制、学习策略使用、学习反思与改进、学习结果评估；教师维度包括教学理念、教学方法、教学手段；环境维度包括语言需求环境、多媒体教学环境、语言交际环境、学校自学环境。

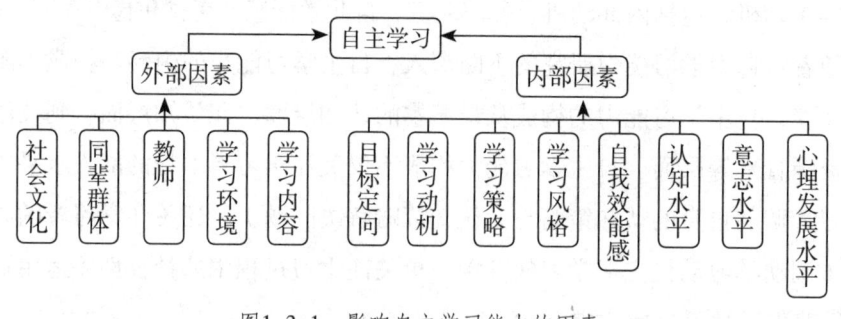

图1-3-1　影响自主学习能力的因素

① 徐锦芬，彭仁忠，吴卫平.非英语专业大学生自主性英语学习能力调查与分析［J］.外语教学与研究，2004（1）：64-68.

② 庞维国.论学生的自主学习［J］.华东师范大学学报（教育科学版），2001，20（2）：78-83.

③ 郭继荣，戴炜栋.大学生英语自主学习评价实证研究［J］.外语界，2011（6）：79-87.

根据外部因素和内部因素两个维度，本书对影响自主学习能力的因素进行了分类。

针对不同影响自主学习能力的因素，不少学者进行了大量的实证研究，其中外语学习策略是最为关注的一个因素。文秋芳（1995）[①]发现，在保证其他条件的前提下，学习策略对成绩有决定性的影响，而学习策略在自主学习过程中尤为重要。White（1995）[②]在其外语远程学习的研究中发现，自主性高的学生比自主性低的学生采用更多的元认知策略，尤其是自我管理策略。Figura & Jarvis（2007）[③]通过利用计算机辅助学习材料来帮助在英国的留学生学习英语，发现学生采用更多的元认知策略和认知策略，其自主性也明显增加。倪清泉（2010）[④]在研究大学生在英语学习过程中的学习动机、学习策略与自主学习能力的相关性的过程中发现，英语学习动机、学习策略均与自主学习能力呈高度正相关，而且学习策略与自主学习能力的相关性更强；而在不同的学习策略中，元认知策略与自主学习能力的相关性高于其他策略与自主学习能力的相关性。

除了学习策略，还有不少学者研究其他因素对自主学习能力的影响。Spratt等（2002）通过问卷调查的方式发现学习动机是促进学习者自主学习的一个重要因素。李斑斑、徐锦芬（2014）[⑤]通过相关分析、回归分析以及路径分析的方式，研究成就目标定向对大学生自主学习能力的影响以及自我效能感的中介作用。肖庚生、徐锦芬、张再红（2011）[⑥]从环境的角度出发，研究大学生社

① 文秋芳.英语学习策略论［M］.上海：上海外语教育出版社，1995.

② White，C.1995.Autonomy and strategy use in distance foreign language learning：research findings. System 23（2）：207−221.

③ Figura，K.& H.Jarvis.2007.Computer−based materials：a study of learner autonomy and strategies. System 35（4）：448−468.

④ 倪清泉.大学英语学习动机、学习策略与自主学习能力的相关性实证研究［J］.外语界，2010（3）：30−35.

⑤ 李斑斑，徐锦芬.成就目标定向对英语自主学习能力的影响及自我效能感的中介作用［J］.中国外语，2014（3）：59−68.

⑥ 肖庚生，徐锦芬，张再红.大学生社会支持感、班级归属感与英语自主学习能力的关系研究［J］.外语界，2011（4）：2−11.

会支持感、班级归属感与英语自主学习能力的关系，发现社会支持感、班级归属感均和英语自主学习能力有正相关关系。

从不同的研究结论，可以发现影响自主学习能力的因素复杂、构成多样，但不同的影响因素，其影响的程度也各不相同。

第二章

关于教学模式

第一节　概念的界定

对于教学模式概念的界定，中外学者有很多不同观点。有学者认为，对教学模式的界定大概有五个角度，即"范式说""策略说""方法说""程序说"和"理论说"。

"范式说"即是把教学模式看成是构成课程（长时间的学习课程）、选择教材、指导在教室和其他环境中教学活动的一种计划或范式（B.Joyce&M. Weil，1972）[①]；"策略说"视教学模式为完成特定的教学目标而设计的、具有规定性的教学策略（埃金等，1979）[②]；"方法说"认为教学模式是在教学理论和实践的发展中形成的用以组织和实施具体教学过程的相对系统、稳定的一组策略和方法（吴也显，1991）[③]；"程序说"把教学模式理解为开展教学活动的一整套方法论体系，它实质上是在一定教学思想或教学理论指导下建立起

[①] Bruce R.Joyce，Marsha Weil，Rhoada Wald.The teacher-innovator：Models of teaching as the core of teacher education［J］.Interchange，1973，4（2）：47-60.

[②] 保罗.D.埃金.课堂教学策略（中译本）［M］.北京：教育科学出版社，1990：6.

[③] 吴也显.教学模式的研究方法［J］.教育研究，1992（1）：49-52.

来的、较为稳定的教学活动结构框架和活动程序（黄甫全等，1998）[①]；"理论说"认为教学模式是对教学系统或理论构成因素的框架式描绘，它建立在已有经验的基础上，通过某种假设，对学科的各种关系进行判断，并在教学中进行实践和验证（张正冬，1993）[②]。

综上所述，教学模式实际上都是为开展教学活动而形成的方法、程序或策略。正如张志远（2010）[③]概括的教学模式定义：教学模式是在一定教学思想或教学理论指导下，为完成特定的教学目标而设计的、用以组织和实施具体教学过程的教学策略和方法，是比较稳定且简明的教学要素活动结构框架及具体可操作的活动程序。它既可以直接从丰富的教学实践经验中通过理论概括而形成，也可以在一定的理论指导下提出一种假设，经过多次试验后形成。

本书认为，教学模式是一种上联理论、下联实践的系统教学程序，是在教学理论基础上构建出的教学要素的活动框架及操作程序，用以组织和实施具体教学过程。教学模式应具有以下特征：一是整体性，即教学模式是一套系统的程序，包括教学理论、教学原则、教学策略、教学要素、教学程序、教学评价等；二是中介性，即教学模式上联理论，下联实践。它建立于理论基础之上，是教学理论的具体化，但又高于教学经验，是教学经验的概括，为教学实践服务；三是动态性，即教学模式并非固化的程序，可以依据具体的教学需要产生若干变式。

---

① 黄甫全，王本陆.现代教学论学程（修订版）［M］.北京：教育科学出版社，2003.

② 张正东，李少伶主编.英语教学论［M］.西安：陕西师范大学出版社，2003.

③ 张志远.探索大面积提高中小学外语教学质量的有效途径［J］.人民教育，2010（6）：28-29.

第二节　国外外语教学模式的发展现状

在过去的一百多年里，国外语言学家一直探索着更为有效的二语或外语语言教学法。语法翻译法起源于十六世纪；在二十世纪初期，随着资本主义的发展，各国交流需要增强，直接法（Direct Method）作为对语法翻译法（Grammar-Translation）的改良而出现；在二十世纪五十年代，听说法（Audiolingualism）因为吸收了语言学和心理学的最新观点而使教学法研究向前推进了一步；在二十世纪七十年代，随着听说法的式微，沉默法（Silent Way）、全身反应法（Total Physical Response）和暗示法（Suggestopedia）出现；在二十世纪九十年代，新的突破层出不穷，如任务型教学法（Task-Based Instruction）、神经语言程序法（Neurolinguistic Programming）、多元智能法（Multiple Intelligences）等；而在二十世纪八十年代出现的交际法（Communicative Language Teaching），被大西洋两岸选为语言教学方法的主流，至今仍被认为是语言教学法的基础。可以说，每个流派的更替都是为了寻求更为科学和有效的教学途径。①

对我国外语教学发展具有较大影响的几种主要教学模式是：语法翻译法（Grammar-Translation Method）、直接法（Direct Method）、听说法（Audiolingualism）、情景法（Situational Approach）、交际法（Communicative Approach）、任务型语言教学（Task-based Language Teaching）。下面简述这几种教学模式的特点：

---

① Ellis R.Oxford Applied Linguistics：SLA Research and Language Teaching［J］.2001.

1. 语法翻译法（The Grammar-Translation）

始于十六世纪，是当时欧洲学院教授拉丁语、古希腊语的方法，其主要原则为：

（1）以母语为教学语言；

（2）聚焦于语法分析；

（3）不使用目的语进行交际；练习主要是目的语和母语之间的句子互译。

这种教学法只着重语言形式，不涉及语言的交际功能。

2. 直接法（The Direct Method）

二十世纪初，随着资本主义的发展，各国之间的交流增长，语言教学受到重视，因而直接法在外语教学的革新运动中取代了语法翻译法，其主要原则为：

（1）以现代交际风格的对话或趣闻展开教学。

（2）借助图片或动作使意义清晰。

（3）归纳式教授语法。

（4）阅读文本是为了获得乐趣而非为了语法分析。

（5）归纳式讲授目的语文化。

（6）教师母语必须是目的语。

直接法摒弃了语法翻译法对语法分析的固执，但只注重口语能力，而且过于排斥学习者的母语。

3. 听说法（Audiolingualism）

二十世纪三十年代末，美国加入第二次世界大战，急需能流利讲外语的人充当翻译，当时美国学校盛行的直接法和阅读法已不能满足这种需要，陆军法由此产生，这是听说法的前身。到二十世纪五十年代中期，由于美国已成为世界主力，成千上万的学生涌入美国的大学学习，而这些学生在学习前需要进行英语培训，所以对英语教学专业知识的需求不断增长，这些因素使听说法应运而生。听说法的原则是：

（1）外语学习是一个机械操练形成习惯的过程。

（2）听说领先，读写跟上。

（3）着重母语和目的语之间的差异分析。

（4）归纳式教授语法结构和规则。

（5）结合语言学和文化语境学习词汇。

听说法建构在结构主义语言学和行为主义心理学理论基础上，并由此产生了系列的教学方法、教学程序、教材和测试。但听说法过分强调语言习惯的形成以及机械操练，而忽略了语言在交际中运用的重要性。

4. 情景法（Situational Approach）

在二十世纪五六十年代盛行于英国的一种教学法，英国应用语言学家试图寻求一种比直接法更为科学的英语口语教学途径，所以研究出可以应用于语言课程选择与组织的系统的教学原则和程序（Palmer 1917，1921）。其原则为：

（1）口语领先。

（2）口头练习词汇和语法结构后才能教授阅读和写作。

（3）课堂上只能使用目标语。

（4）语法结构从简单到复杂进行分级。

（5）新的词汇和语法项目在情景中导入和练习。

情景法的最基本特征为三步教学，即P-P-P（Presentation，Practice，Production）。情景法在二十世纪八十年代及九十年代初期仍然被世界各地广泛使用。情景法强调情景中练习语言，但同时过于看重结构，没有考虑语言的功能性、交际性和创造性。

5. 交际法（Communicative Approach）

二十世纪后期，科技的迅猛发展促进了世界各国的交流，语言的交际功能更受重视，情境法和听说法不再被认为是合适的方法。在七十年代，英国语言学家Wilkins名为Notional Syllabuses（Wilkins，1976）一书对交际法的发展产生了重大的影响，该书描述了语言交际背后的两种意义：意念范畴（notional categories）和功能范畴（functional categories）。交际法吸引了那些试图寻求一种更为人本的教学模式的人，获得了全英国甚至世界的关注。交际法有一套原则反映出语言和语言学习的交际观点，而这些观点可以用来支撑许多课堂教学的程序，这些原则包括：

（1）学习者通过交流学习语言。

（2）课堂活动的目标是真实的、有意义的交际。

（3）流利是交际的一个重要维度。

（4）交际包含不同语言技能的整合；

（5）学习是一个创造性的构建过程，容许尝试和错误。

（Jack C.Richards & Theodore S.Rodgers 2008）

交际法注重语言功能，也注重语言结构，交际既是教学目标，也是教学手段。二十世纪后期产生的几个主要教学模式被认为是交际法的流派，包括自然法、合作学习语言法、内容型教学法、任务型教学法等，它们吸收了与交际法相关的原则。但交际法也存在

6. 任务型语言教学（Task-based Language Teaching）

任务型语言教学是交际法的一个流派，在二十世纪五十年代应用于职业教育，八十年代真正兴起，强调"在做中学"（learning by doing）。其教学原则是：

（1）基于需要选择内容。

（2）强调通过用目标语互动学习交际。

（3）把真实材料引入学习情景。

（4）学习者不仅注重语言学习，还关注学习过程本身。

（5）把学习者个人的生活经历作为课堂学习的重要资源。

（6）把课堂语言学习与课外语言运用有机结合起来。

（Nunan，1991）

任务型语言教学主张通过完成各种任务活动，掌握语言知识和语言技能，学习者在完成任务的过程中产生互动、交流与合作，利于综合语言运用能力的培养。

二十世纪乃至今日的教学法都是历史的延续和发展，没有先人的开拓进取就没有后来的建树（王才仁，2000），因此，了解外语教学发展历史很有必要。在外语教学发展史上，语言教学从单纯着重语言形式的语法翻译法，到重视模仿获得语言能力的直接法，再到重视反复实践、形成习惯、锻炼语言能力，但不注重语言形式的听说法，然后到知识学习和语言能力培养取得平行的交际法，而交际能力正是语言学习的最终社会目的。由此，我们可以看到语言知识与语言能力关系的发展轨迹，并且从中发现国外外语教学流派的发展特点如下：

（1）每一种外语教学法流派都有其特定产生背景和自己的教学目的。比

如，第二次世界大战期间，美国全面参战，战争要求把大批军职人员派往有关国家，美国军队和学校采用"陆军法"（即听说法的前身）开办了各种外语学习班，取得了良好的教学效果。同样，六十年代以来，发达国家经济发展迅速，各个领域的交往更加频繁，一些发展中国家的移民大量流入欧洲共同市场国家求职谋生，急需学会所在国语言进行交际（问路、买东西等）。当时原有的外语教学法体系不适应或不能满足这种客观需要，交际教学途径就应运而生，其教学目的就是为了满足移民的需要，让他们在短期内尽快掌握新的语言，以便生活和工作。

（2）许多教学流派都具有一套完整的体系。这个体系包括明确的语言观和语言学习理论，以及与之相匹配的教学原则，甚至教材、教学设计、教学程序。如听说法，在二十世纪五十年代末由于形成明确的理论依据，所以从语言教学的技能转变为一门科学，它是由结构语言学理论以及行为主义心理学等组合而成的（Jack C.Richards & Theodore S.Rodgers，2002）[1]。听说法的原则包括：听说先行、读写跟上；重视语言操练，通过反复实践形成习惯；经常运用对比分析培养正确的语言习惯（胡鑑明，2002）[2]。这些原则是某些在美国和加拿大广泛使用的外语教材系列的基础，如English900（English Language Series，1964）[3]。

（3）当代外语教学流派逐渐向人本发展。王才仁（2000）在《语言教学的流派（第一版）》的（Jack C.Richards & Theodore S.Rodgers）的导读中写到：在美国，外语经历了一个"困惑、混乱、不满"的时期，因为听说法解体了，而认知法又未能提出一个可供操作的有效方法。这时，一些教师把注意力转移到心理语言学，重新树起人文主义大气重视调动学习者的主体性来提高教学质量，出现了称之为情感—人本（Affective-Humanistic）的一个家族，全身反应法、沉默法、以及社团语言学习法（Community Language Learning）等都属于

---

① Richards J C，Rodgers T S.The Post-Methods Era［J］.基础教育外语教学研究，2002（4）：48-53.

② 胡鑑明.交际法和中国英语教学［M］.广东教育出版社，2002.

③ Edwin T.Collier.New English 900 Book 1（Collier Macmillan English program）［M］. Washington，D.C.：Van Nostrand Reinhold，1977.

这个家族。这种模式的特征是（Marianne Celce-Murcia 2001）[①]：强调对个体（包括学生和教师）以及他们情感的尊重；强调有意义的交际；包含许多结对或小组活动；课堂氛围比材料或方法更为重要；同伴支持和互动很有必要；外语学习被看作是自我实现的体验；教师是顾问或促进者；教师应该精通目标语以及学生的母语，因为在初期也许要大量使用翻译帮助学生感到放松，然后再慢慢减少。

二十世纪可以说是国外外语教学法蓬勃发展时期，各种教学模式随着社会发展不断产生和完善。但每一种教学模式具有时代性，也会随着社会的发展凸显其不适应性，在后方法时代看以上这些模式，也存在以下的弱点（文秋芳，2008）：

（1）这些外语教学流派缺少学习者中心、教师创造性、学习者个体差异等一系列现代教育的重要理念，没有考虑到教学过程中，教师要根据学生的需求与兴趣，灵活地调整自己的教学进程与教学技巧。

（2）缺乏足够的科研支撑。许多由权威撰写的教学法专著中，充满着对学习语言的假设与断言，但很少有实证数据的支撑。

（3）忽略了语言教学情景的文化差异。事实上，语言教学受特定的文化、政治背景的影响，也受所在学校与所在班级情景的制约。

第三节　国内外语教学模式的发展现状

国内对外语教学模式的研究更多是始于对国外外语教学法的引用与借鉴。如，二十世纪上半叶，一批外语教学法专家介绍推广直接法，编写了许多直接

[①] Marianne Celce-Murcia.Teaching English as a Second or Foreign Language［M］.Boston：Heinle & Heinle，2001：429-42．

教学法的专著和教材。例如，张士一的《英语直接教学法》、周超然的《初级外国语科教学法》、林语堂的《中学各科教学法》、陈东林的《外国语教学法》等。直接法教材有文幼章的《直接法英语读本》、张士一的《直接法英语教科书》、陆殿扬的《国民英语读本》等（周溪流，1996）。二十世纪八十年代初，美国著名的教学模式研究专家乔伊斯（B.Joyce）和威尔（M.Weil）合作编著的《教学模式》被翻译介绍到我国，由此开始对教学模式展开了比较系统的研究。二十世纪九十年代初以来，我国教育理论界渐渐开始重视对英语教学模式的研究，并取得了一定的理论成果（唐敏，2002）[1]。

新中国成立后，我国外语教学模式的应用与演变主要经历了几个时期：解放初期到六十年代初，基本应用语法翻译法；二十世纪六十年代初引入了以行为主义心理学和结构主义语言学为理论依据的听说法，但以文革开始而停滞；二十世纪七十年代至九十年代中，提倡和使用听说法；二十世纪九十年代中，最流行的教学法是交际法；步入二十一世纪，2002年颁布的《英语课程标准（实验）》[2]首次提倡任务型语言教学；而在2011年颁布的《义务教育英语课程标准》[3]在教学建议中提出了教师要通过创设接近实际生活的各种语境，采用循序渐进的语言实践活动，以及各种强调过程与结果并重的教学途径和方法，如任务型语言教学法等，培养学生用英语做事情的能力。

事实上，我国的外语教学工作者一直在努力探索有效的教学模式。曾在全国产生较大影响力的教学模式有：由华东师大附中张思中老师总结出来的"适当集中、反复循环、阅读原著、因材施教"十六字外语教学模式，曾在全国大力推广；再如：由人民教育出版社和英国Longman出版社合编的JEFC和SEFC所倡导的"RPDPC"新授课教学模式，即Revision（复习）、Presentation（呈现）、Drill（操练）、Practice（练习）、Consolidation（巩固）。

1. 十六字外语教学法

十六字外语教学法在二十世纪九十年代一度盛行于我国外语教学领域，是

---

① 唐敏.中学英语自主创新教学模式研究［D］.西南师范大学，2002.

② 中华人民共和国教育部.英语课程标准实验稿［M］.北京：北京师范大学出版社，2001.

③ 中华人民共和国教育部.义务教育英语课程标准［M］.北京：北京师范大学出版社，2011.

由华东师大附中张思中老师经过长期实践、总结出的外语教学模式。这种教学模式的十六字为"适当集中、反复循环、阅读原著、因材施教",是指在一定条件下,集中适当的时间,运用一定量的材料,对学生进行有一定难度的听、说、读、写等学习技能的训练。科学地循环、强化,以较少的时间获取较大的效益。让上、中、下不同水平的学生都学有所得。防止与克服心理上的失败定势,从而使学生对所要达到的目标产生一种成功的渴望,成功的体验与成功的把握等心理优势。

十六字外语教学法最大的特点是关注不同程度学生的学习效益,强调原著阅读对外语学习的作用,先集中学习词汇、语法等语言知识,然后遵循记忆遗忘规律对语言知识进行循环强化。这种教学法利于语言知识的掌握,利于词汇的累积和阅读能力的提升。但由于社会发展的局限,十六字外语教学法未能涉及学生思维能力和交际能力的培养。

2."RPDPC"教学模式

1988年至1991年,人民教育出版社与英国朗文出版集团有限公司合作,根据《九年义务教育全日制初级中学英语教学大纲(初审稿)》编写了九年义务教育初中英语教材(Junior English for China),并从1990年到1993年在全国25个省、市、自治区实验,继而经国家教委中小学教材审定委员会审查通过并经过修订后,1993年开始在全国试用。从教材的设计思想和编写实践来看,这套教材是以语言结构与语言功能相结合为主并兼容了我国中学教学改革经验的教材,倡导"RPDPC"新授课教学模式,即Revision(复习)、Presentation(呈现)、Drill(操练)、Practice(练习)、Consolidation(巩固)。该模式主要从复习到学习,不仅巩固已学知识,还可从已知进入未知,即通过学习者的最近发展区进入新知识的学习;另外,从呈现到练习再到运用,符合语言学习的规律。但这种模式着重操练,注重语言形式,对语境中的交际以及学习者的自主能力培养重视不够。(陈明发等,1996)[①]

从我国外语教学的几个主要发展时期看,基本都是应用或借鉴英美流行的

---

① 陈明发,王惟.浅议"五字法"在英语教学中的应用[J].上海教育,1996(9):65.

教学模式，从语法翻译法、直接法、听说法、交际法以及任务型教学途径等，甚至"RPDPC"教学模式也是由听说法演变而来的。自80年代初期以来，我国中学英语教学取得了长足的进步，全国各地中学普遍开设了英语课，有稳定的教材，师资培训和教学研究也有所加强，学生的成绩逐年提高，但是，中学英语教学质量远不能适应开放和改革形势发展的需要。可以说，我国自主创新的、适合现今中国国情的中学英语教学模式的研究仍处在蓄势待发时期。

第四节　我国中学英语教学模式的发展趋势

　　国外的外语教学模式有其先进性和系统性，但如前文所述，国外的模式忽略了语言教学情景的文化差异，而事实上，语言教学受特定的文化、政治背景的影响，也受所在学校与所在班级情景的制约。因此，我国应根据当前社会发展需要研究出适合国情的外语教学模式。从国内外外语教学发展历程所获得的启迪以及我国英语教学的发展趋势分析，可以预见，在2011年新的英语课程标准颁布后，又会掀起新一轮的英语课堂教学改革，新的英语教学模式的出现成为必然。

　　1. 英语教学模式更加重视思维能力、创新能力等通用能力的培养

　　教学模式的发展要与社会发展对外语人才需求相一致。不同时期的英语教学会因不同的教学目标而产生不同的教学方法，从而培养出不同规格的英语人才。新中国成立初期需要具有文化知识的人才进行国家建设，于是英语教学的目的是为了培养英语阅读的能力，以及听说写能力，因此，以语法、句型为重，以模仿、操练为主的教学模式成为主流。进入九十年代，随着我国改革开放的深入，社会对外语的要求发生了变化，培养学生的交际能力开始成为外语教学的目的，因此，以功能—意念为主导的交际教学模式开始盛行，交际法被广而用之。在二十一世纪初，随着各国交往频繁，国人出国学习、旅游机会的增多，使用英语的机会和频率大大增加，用英语思维做事的要求自然越来越强烈，因此，以能力—建构为主导的任务型教学模式成为主流。但随着社会高速发展，对人才的需求不只是专业型的，对综合型、创新型人才的需求更为迫切，因此，可以设想，通过英语教学培养专业型加综合型和创新型人才将成为一种走向。那么，新的英语教学模式不应只强调语言能力的培养，更应重视包括思维能力、自主能力、创新能力等通用能力的培养。

2. 英语教学模式将更关注人文性

从我国新中国成立以来颁布的教学大纲和课程标准可以看到，我国的英语教学目标从关注语言知识与技能到关注人的思维，然后再到人的发展。二十世纪，语言理论的发展线索是：结构主义—功能主义—交际理论；学习理论的发展线索是：联结理论—认知理论—人本理论（王才仁，2000）①。当代教育学习理论主张学习是发挥人的潜能，实现人的价值的过程，要求学生愉快地、创造性地学习，这就是以罗杰斯（Carl Rogers）为代表的人本主义的学习理论。信息社会，重视人的主体性和创新能力，承认人在智力、情感上的差异，强调人才培养个性化、多样化（王才仁，2000）。新的英语教学模式之下的英语教学应该是以学生为中心，充分尊重学生的发展需要，教学内容要与真实社会、学生生活相联系，教学活动要提供学生参与、体验、探究、合作的机会。

3. 教学模式将走向开放和多元

随着现代教育技术的发展，尤其是网络信息化时代的开启，英语学习的资源和途径变得丰富而多样，足以使英语教学进入一个崭新的时代。学习环境和条件的变化，必然导致教学理念、教学原则和教学程序的改变，这就导致英语教学模式的变化和发展。新的英语教学模式必然是以学生为主体，培养学生自身的学习水平和能力，根据学习需要调整学习策略的、开放的、多元的教学模式。文秋芳（2008）在《语言教学流派（第二版）》（Jack C.Richards & Theodore S.Rodgers）的导读中写到：现在越来越多的人跳出了"方法"的禁

---

① 王才仁，蔡荣寿.活动及活动教学法述评［J］.外语教学与研究，1994（1）：41-47.

锢，认识到教师与学生是学习过程中的主体，只有这两者发挥了自主性、创造性，才有可能获得语言教学的成功。

4. 教学模式将由经验型向科学型发展

我国的中学英语教学模式的研究者和实施者不断吸收国外先进的语言学习理论和教学法精髓，并且把其他相关学科如哲学、心理学和社会学等理论在实际的英语过程中不断地加以实践和改善，为形成符合我国特色的英语教学理念、发展富有中国特色的英语教学模式作了充分的积累和准备，并将会努力使之成为现实。

可以预见，一种符合中国社会发展状况和英语教学发展趋势的、具有中国特色的中学英语教学模式将呼之欲出。

第三章
外语学习策略

第一节 概念的界定

至今，众多学者、专家对"学习策略"这个概念有不同的见解，但没有一个统一的说法。归纳起来，主要有四个观点：一是认为学习策略是具体的促进学习的方法或技能；二是认为学习策略是学习的调节和控制技能；三是认为学习策略是抽象的行为和内隐的学习规则系统；四是认为学习策略是学习方法和学习的调节与控制的有机统一体（黄丽燕，2015）①。现在普遍认为学习策略是一系列具体的学习技能、学习方法和学习监控的动态执行过程，它既包括学习者为了自身的学习和发展的心理过程，也包括其具体行为（王永祥，2005）。本书定义"学习策略"为学习的调节和控制技能（黄丽燕，2015）。

外语学习策略是指学习者为了习得第二语言有意识地采用的学习方法、技巧、程序、规则、调节和控制方式等。在外语学习策略的应用过程中，学习者的目的性、主动性和应用水平是衡量学习者学习能力的重要尺度，也是制约学习者学习效果的重要因素。

---

① 黄丽燕."策略指导促自主学习"教学模式的研究与实践［J］.中小学外语教学（中学篇），
2015（5）：33-37.

第二节　外语学习策略的基本内容

Hosenfeld，O'Mally和Chamot（1990）提出了著名的学习策略三分模式，即元认知策略（Meta-cognitive Strategies）、认知策略（Cognitive Strategies）和社交、情感策略（Social/Affective-strategy）。[①]元认知策略是整个学习过程的核心，涵盖整个学习过程。学习者制定学习计划，有意识地监控学习过程中理解和产出，并在学习活动完成后进行自我评价。认知策略是学习者的个性化活动，在开展学习活动中实践和迁移。社交、情感策略关注的是学习过程中社会交往和情感过程的影响，包括同伴之间互动、相互提问、自我反省、个人对完成任务的负面焦虑情感等。一般认为，元认知策略和认知策略能够迁移到新的任务中，并对学习过程产生积极影响。

Oxford和Cohen（1992）[②]根据学习策略与语言材料之间的关系，将学习策略分为直接策略和间接策略。前者对语言学习有直接影响，后者只有间接作用。直接策略包括记忆、认知和补偿三种策略。记忆策略是指识记语言信息，认知策略是指理解和产出新的语言信息，补偿策略是指借用其他语言来弥补语言信息差异。间接策略包括元认知策略、情感策略和社会策略。元认知策略是指计划和控制学习进程，情感策略是指语言学习时的情感意识，社会策略是指与他人合作学习。

---

① Hosenfeld C，O'Malley J M，Chamot A U .Learning Strategies in Second Language Acquisition［J］.海外英语，1990，67（10X）：126-127.

② Oxford R L，Cohen A D .Language Learning Strategies：Crucial Issues of Concept and Classification［J］.Applied Language Learning，1992.

心理学家Cohen（1998）[①]将学习策略分为两个方面：语言学习策略和语言使用策略。语言学习策略包括学习者确定学习材料、对学习材料进行分类、反复熟悉材料以及采取措施记忆材料。语言使用策略包括语言提取策略、语言演练策略、弥补策略以及交际策略。

文秋芳（1996）[②]将学习策略分为两大类：管理策略和语言学习策略。前者与学习过程有关，后者与语言学习材料有关。管理策略是指制定目标、选择方法、时间安排、方法效果评估和调整等；语言学习策略是指学习语言知识、掌握语言技能（四项基本技能）、掌握交际技能等。

程晓堂与郑敏（2002）[③]为诊断学习者学习策略而参照国内外学习策略分类方式，制作出依据我国学习者情况的学习策略量表。其中主要包括认知策略、元认知策略、情感策略与交际策略。

不同的专家从不同的角度对外语学习策略进行划分，其中大部分学者都认同学习策略包含元认知策略和认知策略。语言学习者元认知或认知自我的思维和学习过程都在进行策略的选择和应用。除了认知策略在发挥作用，学习者的元认知策略对其语言学习也发挥重要的作用。如果学习者具备元认知策略，就能规划学习计划、监控学习过程、反思学习成绩、展望学习方向。元认知策略是学习者自主学习能力的重要元素。

① Cohen A .Studying Second-Language Learning Strategies：How Do We Get the Information？1［J］. Applied Linguistics，1984，5（2）.

② 文秋芳.大学生英语学习策略变化的趋势及其特点［J］.外语与外语教学，1996（4）.

③ 程晓堂，郑敏.英语学习策略［M］.北京：外语教学与研究出版社，2002.

第三节　外语学习策略与自主学习的关系

　　学习策略是学习者形成自主学习和终身学习能力的必备条件，反过来自主学习能力形成的过程也会不断完善学习策略。Oxford & Nyikos（1989）[1]指出学习者运用学习策略学习，有利于其增强学习的主动性、独立性，促使他们对自己的学习过程负责。这实际说明了学习策略有助于激发学习者的自主学习。Holec（1981）认为学习者可以通过制定学习目标、计划、选择学习材料，采取学习策略以及自主评价学习等方式开展自主学习，而且自主学习能力不是先天的，而是可以通过后天训练而培养的。因此，学习策略影响着自主学习能力的发展。

　　学习者自主学习能力提升体现在学习者对学习策略的运用。文秋芳（1996）指出："任何使用得当的学习策略都有可能使学习者在学习上获得成功。"通过培养学习者学习策略，不仅能够提升学习者的外语学习效果，而且能促使学习者对自己的学习负责。学习者自主学习的能力得到增强，对达成终身学习的目标也会有积极的影响。

　　随着新的课程标准的颁布实施，英语学科的课程宗旨由过去的以学科为本、注重语言的综合运用能力转向以培养学生学科核心素养、实现学科育人为目的。课标的课程目标强调学生的学习能力培养，不仅肯定了学习能力对于学生外语学习的重要性，并且表明学习能力是学生终身学习发展的重要基础。新

---

[1] Oxford R，Nyikos M .Variables Affecting Choice of Language Learning Strategies by University Students［J］.The Modern Language Journal，1989，73（3）：291-300.

的课程标准提出的学科核心素养主要包括语言能力、文化意识、思维品质和学习能力。学习能力是指学生积极利用和主动调整英语学习策略、拓展英语语言学习渠道、努力提高英语语言的熟练程度和能力。在新课程标准中明确将学习策略列为课程内容的六个要素之一，并指出当代教师对于学生学习策略方面的培养应当给予更多关注，加强对学习者学习策略的培养，并鼓励引导学生学习尝试以及更有效地使用各种不同的学习策略。

策略学习的宗旨是增强学习者的自主意识和自主学习能力，而学习策略中元认知策略是重要的组成部分。近期出现的许多把元认知策略与自主学习相结合研究的文章，说明了我国对自主学习研究的不断深入。如邵思源、赵蓉研究探讨了元认知策略与自主学习能力的关系，结果表明，元认知策略与自主学习能力呈正相关，且元认知策略培训能够帮助学生进一步加深和巩固作为独立学习者的观念以及自主学习的态度，促使他们顺利地进行课堂内外学习者角色的转换等。

元认知策略的三个要素是计划、监督和评价，这恰恰是在学习中学生对知识点做系统预习，在教学中做一个系统的认知，并将其运用到自主学习培养中去的必然条件，二者之间的联系也是密不可分的。元认知策略促进学生的自主学习。Cohen（1998）对元认知进行了分类，从不同方面反应了元认知策略的特色以及类型。学生在这些教育教学理论的指导和教师的引导下，对所学知识有一个系统的认识，发挥其主观能动性，从根本上培养自我学习的意识。学生对教学内容形成初步的认识，然后发挥自己的能动性完成各项学习任务。教师根据学生的预习情况，对学生做出合理的评价，帮助学生更好地进行自我反思，并鼓励其及时调整好学习状态。

加强自主学习研究不仅仅是因为新课标中提升学生核心素养的要求，更是培养知识型人才的需要。在信息化社会的今天，知识的增长速度不断加快，更新周期缩减，而仅由学校教育所授予学习者的知识已经无法满足社会对于知识型人才的需求，终身教育顺应了社会发展的趋势，自主学习则能够帮助学习者在离开教室与老师后继续获取知识，实现学习目标。学习动机、认知风格、自我效能感、学习策略等诸多因素都对学习者的学习行为具有重要影响。教师需要注意学习策略对学生自主学习能力的重要作用，尤其是元认知策略。提高学生的自主学习能力是落实立德树人，实现素质教育的要求，对学生进行学习策略的培训有助于进一步帮助学习者树立正确的英语学习观，拓宽获取英语学习资料的方式，能够对语言学习进行更好地自我管理和自我调节。

第四章

掌握学习理论

20世纪60年代，美国学校将教育的重点放在培养社会精英上，而使学校出现大量无法掌握课程内容的学生。基于这样的现实，美国著名认知心理学家、课程论专家本杰明•布鲁姆提出了课堂学习理论——掌握学习理论（The Theory of Mastery Learning）[1]。布鲁姆认为，学生的学习基础是有差异的，但只要提供适当的指导和充足的学习时间，人人都能以较高水平掌握课程内容。

掌握学习理论提出至今，国内外对于掌握学习理论的研究不断深入。关于掌握学习的研究，主要分为理论研究、理论应用和实验研究。

在理论研究层面，侧重对掌握学习理论的阐述，主要包括理论产生背景、掌握学习的相关变量、核心思想、模式、实施、优缺点等等。郑健（1990）[2]认为掌握学习和我国的"因材施教"的基本观点一致，并肯定了掌握学习教学模式在重视人格因素和社会心理因素方面的积极作用。Mary A.Robinson（1993）[3]基于掌握学习理论，提出美国公立学校传统课堂无效的原因及教学改进的建议。Thomas R.Guskey（2010）[4]对比掌握学习的实施过程、干预反馈模型（The Model of Response to Intervention）和设计理解过程（Understanding

---

[1] 本杰明•S•布鲁姆等.《布鲁姆掌握学习论文集》［M］.福州.福建教育出版社，1986.

[2] 郑健.浅谈布鲁姆掌握学习理论［J］.外国教育研究，1990.

[3] Mary A.Robinson.Mastery Learning in public schools：Some areas of restructuring［J］. Education，1993.

[4] Guskey T R，Jung L A.Response-to-Intervention and Mastery Learning：Tracing Roots and Seeking Common Ground［J］.2011，84（6）：249-255.

by Design），认为这三者都强调"反馈——矫正"在教学中的重要性。王永固等（2014）[1]通过对大量MOOC案例的分析，论述了MOOC平台通过为学生提供精细化学习内容与形成性评价帮助学习者达到掌握学习。

在理论应用层面，研究集中阐述掌握学习在课程教学中的作用。姜华等（2008）[2]尝试用掌握学习理论指导开放教育，论证了掌握学习理论的教学模式适用于远程开放教育的实施和管理，并且有助于远程教育的创新。贾非等（2015）[3]尝试基于掌握学习理论，构建统计学课程教学的翻转课堂模式。

关于掌握学习的实验研究主要通过对比实验组和对照组探讨掌握学习实施在教学中的效果。Patriciach W.Wambugu等（2008）[4]进行掌握学习方法对中学物理成绩影响的实验研究。丁竹卉等（2012）运用智能教学系统中形成性评价、情景学习等功能对实验班进行教学，并通过历次考试对比得出个性化的学习指导和额外的学习时间对学生成绩提高的效果。

总的来说，大量对掌握学习理论的研究表明，掌握学习理论在课程设计、把握教学过程的变量、教学实施、教学评价等方面都有正面的作用。随着网络与人工智能技术日新月异的发展，掌握学习理论不断焕发活力，远程开放教育、翻转课堂、手持设备等人工智能技术的发展为掌握学习的研究提供了新的结合点。

但目前的研究主要着眼于教育信息化手段对教学效果的影响，多为理论研究，实证研究仍较为欠缺，而关于构建掌握式教学模式的研究更是不多。随着英语学科核心素养的提出与教育现代化2.0行动的推进，如何借助人工智能技术优化教学流程、提高教学效率，如何在英语学科核心素养的指导下在教、学、评三方面研发出英语掌握式课堂教学模式，是本课题的着力点。

美国教育学家布鲁姆认为，学生学习课程的基础能力是有差异的，但只要

① 王永固，张庆.MOOC：特征与学习机制［J］.教育研究，2014（9）：112-120.

② 姜华，李西君.掌握学习在开放教育中的实践策略［J］.北京师范大学学报，1996.

③ 贾非，马秀颖.基于掌握学习理论的翻转课堂模式构建——以统计学实践教学为例［J］.新校园旬刊，2016（12）.

④ Patriciach W.Wambugu & Johnson M.Chaneiywo.Effects of Mastery Learning Approach on Secondary School Students' Physics Achievement［J］.The Elementary School Journal，2008.

给予学生充分的有效时间学习，所有的学生都能达到课程目标所规定的掌握程度。

布鲁姆掌握式学习理论的核心理念是"只要条件适当，人人都能学"，它要求教师尊重学生的学习需求，为其提供适当的教学指导，并进行形成性测验，及时反馈、矫正，为全体学生提供充分发展的机会。掌握学习理论的教育目标不仅包括认知目标还包括情感目标，不仅重视认知成果，还重视情感成果，以此来促进学生的全面发展。

掌握学习理论在具体实施方面包括五个阶段：第一，教师根据学生学情分析，制定教学目标，并将大的教学内容细分到每一课教学目标；第二，通过班级集体授课进行常规教学；第三，进行阶段性、形成性的测验，检验学生掌握程度；第四，对掌握程度较低的学生采取"矫正——反馈"机制进行知识回顾（如针对学生进行个性化教学、学生投入额外时间进行学习等），绝大多数学生掌握后再进入下一个单元的学习；第五，一学期后进行总结性测验、评价。在这个过程中，教师告诉学生"达到什么目标""学什么""怎样学""怎样学好"，这样有利于提高学生的学习能力和学习的有效性，对学生的终身发展具有重要的影响。

然而，布鲁姆的掌握学习理论自提出以来面临不少挑战，其中一个主要原因就在于传统班级授课制度的限制。布鲁姆认为，语言习得暂时落后的学生要提升其水平，需要教师为其提供专门辅导，而这需要耗费大量的人力物力。这也是掌握学习理论难以得到推广的原因之一。

第二篇

研究综述

第五章

研究背景

第一节 外语教育改革趋势

　　自新中国成立以来，特别是改革开放以来，我国的英语教学经历了不平凡的发展。从教学改革的角度，我国英语教学发展时期划分为四个时期（黄丽燕，2014）[1]：中学外语教学起步并形成新格局（1949—1966）、遭文革破坏发展停滞（1966—1977）、迅速恢复且改革全面展开（1978—2000）、新一轮课程改革并开创英语学科素质教育新局面（2001—至今）。各个时期都有其课堂教学特征，结合这四个时期我国颁布的教学大纲和课程标准及其分析，看我国英语教学的纲领、教学目标、课堂教学特征以及倡导的教学模式的变化。

表5-1-1　我国建国以来中小学课程标准和教学大纲一览表

发展时期	年份	名称	教学目标及特点	课堂教学特征	教学模式
起步并形成新格局	1951	《普通中学英语科课程标准草案》	学生在掌握3000到4000个单词的基础上会简单运用英语进行会话和写作，并能借用工具书阅读一般性的英文书报杂志。	通过大量的练习培养运用语言的技能，养成语言习惯；语法教学运用归纳法。	语法翻译法

---

① 黄丽燕.“策略指导促自主学习”英语教学模式［M］.广东教育出版社，2017.

续 表

发展时期	年份	名称	教学目标及特点	课堂教学特征	教学模式
起步并形成新格局	1956	《高级中学英语教学大纲（草案）》	教会学生能借助词典的帮助，阅读并了解简易的英文读物或通俗文章，以及掌握将来进一步学习英语、利用英语所不可缺少的一些知识技能和熟练技巧。	教学重点依次为语音、语法、词汇；强调基本技巧和语法知识。	语法翻译法
	1963	《全日制英语教学大纲（草案）》	学生初步掌握英语这个工具，具有初步阅读英语书籍的能力。	教学内容为语法、词汇和课文，鼓励读原著；熟读多练，造句、会话和作文。	
迅速恢复且改革全面展开	1978	《全日制十年制中小学英语教学大纲（试行草案）》	着重培养学生的阅读和自学英语的能力，并培养一定的听、说、读、写、译的能力，为进一步学习和运用英语打下基础。首次提出教学原则。 1980年与1978年大纲内容基本一致，但首次把教师在教学中的主导作用写在教学原则里。	听说和读写相结合；强调语音模仿和句型操练；直观教学、电化教学和外语环境创设相结合。	听说法
	1980				
	1986	《全日制中学英语教学大纲》	对学生进行听、说、读、写的基本训练，培养学生在口头上和书面上初步运用英语的能力，侧重培养学生阅读能力，为进一步学习和运用英语切实打好基础。首次提出听、说、读、写的教学方法。	教师主导；阅读教学包括词汇和语法、习惯用语、思维习惯和社会文化背景知识的学习；词汇和语法学习在语境中进行；充分利用各种视听教具。	
	1988	《九年制义务教育全日制初级中学英语教学大纲（初审稿）》	与1986年大纲基本一致。提出"学习外语有助于发展智力、开阔视野和提高文化素养，是国际交往的重要工具。"首次提出了功能—意念项目的教学内容，努力提高英语教学环境。这表明了对英语学习交际性的要求。	语言材料和语言实践的量加大；使用直观教具和电化教具手段。	
	1990	《全日制中学英语教学大纲（修订本）》	在1986年大纲基础上修订。只是在教学要求部分、各年级教学要求和教学内容部分稍作调整。		

续 表

发展时期	年份	名称	教学目标及特点	课堂教学特征	教学模式
迅速恢复且改革全面展开	1992	《九年义务教育全日制初级中学英语教学大纲（试用）》	通过听、说、读、写训练，使学生获得英语基础知识和为交际初步运用英语的能力，激发学生的学习兴趣，养成良好的学习习惯，为进一步学习打好初步的基础；使学生受到思想品德、爱国主义和社会主义等方面的教育；发展学生的思维能力和自学能力。首次提出培养学生思维能力和自学能力，并且把听、说、读、写作为教学手段而不是教学目的。	教师主导；注重双基；语言技能发展为交际服务；利用直观教具和电化教学手段；把单项和综合相结合，笔试、口试和听力相结合。	交际法
	2000	《九年义务教育全日制初级中学英语教学大纲（试用修订版）》	把学生的发展作为教学目的，关注学生的主体性以及文化在英语教学中的作用。但由于2001年开始了新一轮基础教育改革，该大纲没有实施。		
新一轮课程改革并开创英语学科素质教育新局面	2001	《全日制义务教育英语课程标准（实验稿）》	从学生的学习兴趣、生活经验和认知水平出发，提倡学生亲身体验参与的学习方式和"任务型教学途径"；发展学生的综合语言运用能力，使语言学习过程成为学生形成积极的情感态度、主动思维和大胆实践、提高跨文化意识和形成自主学习能力的过程。	培养学生的语言知识、语言技能、情感态度、学习策略和文化意识；终结性评价和形成性评价相结合。	任务型教学法
	2011	《义务教育英语课程标准（2011版）》	英语课程具有工具性和人文性相统一的性质。通过英语学习使学生形成初步的综合语言运用能力，促进心智发展，形成跨文化意识，提高学生的综合人文素养。	加强学习策略指导，培养学生自主学习能力；合理利用各种教学资源，提高学生的学习效率。	多元教学法
	2017	《普通高中英语课程标准（2017年）》	全面贯彻党的教育方针，培养和践行社会主义核心价值观，落实立德树人的根本任务，在义务教育的基础上，进一步促进学生英语学科核心素养的发展，培养具有中国情怀、国际视野和跨文化沟通能力的社会主义建设者和接班人。	整合六要素（主题语境、语篇类型、语言知识、文化知识、语言技能和学习策略）的英语学习活动观。	

从上表可以看到我国自建国以来所颁布的教学大纲和课程标准，也可以看到各时期的教学目标，以及由此推之的课堂教学特征，从其渐变的过程充分体现了我国英语教学的进步态势。从中可以归纳出六个转变：

（1）课程价值从工具性向工具性和人文性相统一转变。在2011年前，英语一直被当作一门语言工具进行学习，因此，掌握这门工具的体系和结构成为最根本的要求。2011年课程标准明确提出，英语课程具有工具性和人文性相统一的性质，英语学科不再只是一门工具学科，而是承载着帮助学生成人、成长、发展的任务，具有人文价值，这种观念的转变必然导致英语教学观和学生观的进步。

（2）教学目标从片面向全面转变。英语教学目标从注重基础知识到注重基础知识和基本技能的掌握，再到综合语言运用能力的培养（包括语言知识、语言技能、情感态度、学习策略和文化意识五个方面）。教学目标的全面性是学生全面发展的重要前提。

（3）教学内容从知识向文化转变。英语学科的教学内容从强调语音、词汇、语法，到引导学生理解外国文化，加强对祖国文化的理解，进而拓展学生文化视野，形成跨文化交际意识和初步的跨文化交际能力。这大大拓宽了英语教学的内容层面和深度，而且使教学内容与真实世界相联系，更突显了语言学习的真实性和交际性。

（4）教学方式从机械向灵活转变。从模仿、操练到情景交际，再到使学生通过思考、调查、讨论、交流和合作等方式学习和使用英语并完成任务，方式、方法的变换是从训练听、说、读、写基本技能到培养实践、思维和合作能力等通用能力，这为学生的可持续发展奠定基础。

（5）学习途径由单一向多元转变。英语教学的辅助手段从使用直观教具、电化教具开始，发展到现代教育技术的应用，包括多种多媒体手段、多种类型的平台和多方位的空间，这为学生提供了丰富的学习资源和多样的学习途径，也为自主学习提供了更大的可能性。

（6）学习方式从教师主导向学生自主转变。1992年教学大纲就开始提出培养学生自学能力，2001年的课程标准提出使语言学习过程成为学生形成自主学习能力的过程，并首次明确增加学习策略这个维度的目标，为学生自主学习能力的培养提供了条件，这必然导致学习方式的改变。2011年的课程标准更是明确提出"加强学习策略指导，培养学生自主学习能力"，重点培养学生运用学习策略的能力，向学生介绍和示范不同的英语学习策略，帮助学生不断尝试各种学习策略，指导学生自我监控使用策略的情况和效果，并根据需要及时调整，以提高他们的自主学习能力。

在我国已有学者开始对培养学生自主能力的英语教学模式的研究中，如已出版的黄丽燕教授主持的"电子词典促进英语自主学习能力培养的实证研究"，提出了培养学生自主学习能力的研究思想和方法，并提供了实用的案例。这是我国对培养学生自主学习能力的英语教学模式研究的尝试，也对今后开展类似研究有积极影响。

2014年3月，教育部发布了《关于全面深化课程改革 落实立德树人根本任务的意见》（以下简称《意见》），提出了"核心素养"这一重要概念，要求将研制与构建学生核心素养体系作为推进课程改革深化发展的关键环节。在中国，学生核心素养的培养主要通过基础教育阶段各学科的教育教学来实现。各学科的课程都要为发展学生的核心素养服务，都要结合学科内容帮助学生形成关键能力和必备品格。英语学科核心素养主要包括四个方面的内容：

（1）语言能力，指在社会情境中借助语言，以听、说、读、看、写等方式理解和表达意义的能力；

（2）文化品格，指对中外文化的理解和对优秀文化的认同，是学生在全球化背景下表现出来的知识素质、人文修养和行为取向；

（3）思维品质，指人的思维个性特征，反映其在思维的逻辑性、批判性、创新性等方面所表现出来的水平和特点；

（4）学习能力，指学生积极运用和主动调适英语学习策略、拓宽英语学习渠道、努力提升英语学习效率的意识和能力。

2017年，国家教育部正式发布《普通高中英语课程标准（2017）》（以下简称《课标（2017）》），明确"要以综合语言运用能力和英语学科核心素养为思路导向"（王蔷，2015）。

《课标（2017）》提出"整合六要素的英语学习活动观"（"六要素"指的是主题、语篇、语言知识、语言技能、文化知识、学习策略）。从掌握程度来看，指向核心素养的初中英语课堂不是单纯要求学生掌握语言知识，而应该是有意义地掌握。通过一系列以解决问题为导向的活动，促使学生运用语言技能、学习策略提高自身学习效率，最终达到掌握语言知识和文化知识的目的。从教学设计的角度出发，综合语言运用能力和英语学科核心素养相结合体现为学生以主题意义探究为目的，以语篇为载体，在理解和表达的语言实践活动中，融合知识学习和技能发展，通过感知、预测、获取、分析、概括、比较、评价、创新等思维活动，构建结构化知识。在分析问题和解决问题的过程中发展思维品质，形成文化理解，塑造学生正确的人生观和价值观，促进英语学科核心素养的形成和发展。

第二节　教育信息化发展趋势

2018年4月13日，教育部发布《教育信息化2.0行动计划》，正式提出"教育信息化2.0"。里面提到要实现教育均衡发展，必须"推进开放资源汇聚共享，打破教育资源开发利用的传统壁垒，利用大数据技术采集、汇聚互联网上丰富的教学、科研、文化资源，为各级各类学校和全体学习者提供海量、适切的学习资源服务。"进入千禧年后，人工智能应用于英语教学的尝试不断深入，在个性化精准测试英语水平、语音识别技术实时准确矫正英语发音、人工智能学习平台高效准确记录教学数据、人工智能数据智能分析模型的建立、多模态教学资源的传播和使用、实时交互平台提高教学的效率等多方面都有突出的表现。一方面，人工智能给学习者以海量资源的支持与课堂交互的便利；另一方面，人工智能为教师提供数据收集、处理的平台，利用数据模型教师能够精准定位学生的掌握程度，从而设计更有针对性、适切性的教学活动，真正做到有的放矢。

第三节 研究现状

1. 区域教育均衡发展的诉求

随着教育的不断发展和进步，教育的理念也不断变革，"以学生为中心"的思想逐渐成为课堂教学的指导思想。2016年9月，《中国学生发展核心素养》总体框架正式发布，该框架指出，自主发展、学会学习不仅是教育的首要目标，更是促进学生不断进步的重要途径。因此，满足学生个性化的学习需求、培养学生学会学习的能力，是教学的基础性工作。传统课堂的"一刀切""一人生病、全班吃药"等做法已不能满足更高层次的教学需求，取而代之是更精细化的学习需求分析、课堂上更精准的讲解与更多层次的教学内容。正是在这种时代背景和要求下，如何满足学生的个性化学习需求、促使学生实现最大程度的掌握学习，成为当今课堂教学的一大重要研究内容。

2. 学生个性化学习的诉求

均衡教育是广大人民群众对教育公平的诉求。佛山市2018年全市教育工作会议提出"全面推进高水平教育现代化建设，加快各级各类教育均衡协调优质发展"。目前，佛山市英语教育在推进高水平教育现代化方面取得了显著的发展，但在优质发展和均衡发展这两方面尚且存在诸多不足，尤其是初中阶段的英语教育在区域间、校际间以及学生群体之间的发展存在较大的差异。如何促使优质的教学资源共享到全市的学校，将前沿的核心素养理念渗透到全市的初中英语课堂，最后实现全市初中英语教育优质、均衡发展，这是一个亟待解决的问题。

3. 教师专业发展的诉求

当前是强调知识创新的时代。随着社会对人才培养要求的不断提高，人们对教师专业水平也提出了新的期待。要满足学生的个性化学习需求，处理大量的学习数据，并且运用到教学开展当中，提高教学的精准程度，教师自身的信息化素养也需要不断地提高。教师的信息化能力提升也成为教育专业化发展的重要一环。

第六章

研究过程

    以培养学生自主能力为目标的教学模式构建，分三个阶段推进。第一阶段是构建期（2010年—2013年），第二阶段是发展期（2013年—2017年），第三阶段是创新突破期（2017年—今）。三个阶段的发展是教育发展变革的必然生成。因势利导，因时制宜，顺应着教育教学变革的潮流趋势，三个阶段以迭代关系进行完善递进。每一个阶段所探究形成的模式，成为后一阶段的模式基础。后一阶段的模式是前一阶段模式的修正和发展，使之扬长避短。在"有效教学"和"EEA"模式的基础上，最终形成"AI+SCP"（Artificial Intelligence + Self-study Corrective Promotion）人工智能加持的英语掌握式教学模式。

    在初步构建阶段中，佛山市教研室以"有效教学"为研究核心，构建了富有地方特色的区域初中英语有效教学模式体系，包括"情景导入—感悟操练—运用巩固"的英语听说课堂教学模式、"读写结合教学模式"和"三段七步读写整合教学模式"的有效读写教学模式、"话题引入—语境感知—语法归纳—话题实践—综合评价"的课堂教学模式、"感知—探究—归纳—运用"的初中英语语法课堂教学模式、"以话题为中心"的初中英语集中总复习教学模式、"任务—合作—拓展—评价"的有效教学模式、"层次化、多样化、趣味化、综合化和个性化"的教学模式。

    在完善与发展阶段中，佛山市教研室重点放在通过培养学生的外语学习策略提升学生的自主学习能力。在这个阶段，佛山市教研室根据华南师范大学黄丽燕教授提出的"EEA"教学模式，开展适合佛山地区的培养学生自主学习能力的初中英语教学实践。所有的课例涵盖七年级到九年级三个年级，以常见的听说、阅读、写作、语法四种课型为切入点，每个课例均由体验—探究—策略指导—自主学习组成。

在创新与突破阶段，在"互联网+"、"人工智能"的新工具、新工具支持下，佛山市教研室的研究聚焦于两方面，分别是"互联网+微课资源建设"以及数据驱动下的教学模式。"互联网+微课资源建设"着眼于利用微课资源提升学生的自主学习能力。通过开发不同类型的微课供学生在课前或者课后使用，来提升学生的自主学习能力与学习效果。佛山市教研室课题组基于布鲁姆的"掌握学习理论"提出"人工智能加持的英语掌握式教学模式（AI+SCP）"。在听说、阅读、写作、语言综合等课型中，探究课前、课中、课后三个阶段人工智能所能发挥的作用及效果。

第三篇

初步构建阶段
（2010—2013年）

第七章

模式概述：有效教学模式

佛山市教研室从2010年开始开展全市性各学科的有效教学课题研究，英语学科"构建区域初中英语有效课堂教学模式体系"研究在此背景下立项并启动。该研究与市内八所初中构建研究共同体，历时3年，采用了文献研究、行动研究、案例研究等研究方法，试图探讨出初中英语教学中不同内容、不同课型，学生学习能力培养和作业设计等方面的有效教学模式，并通过推广与应用研究成果这一途径，构建区域初中英语有效教学模式体系。

在研究共同体三年的努力下，我们取得了丰富而显著的研究成果。这些成果包括：构建了富有地方特色的区域初中英语有效教学模式、进行了范围广泛和影响深刻的成果推广活动、收获了效果显著的精品课例、形成了富有成效的集体备课模式、制定了适合本区域特点的课堂教学评价指标等。该课题研究获得了佛山市"有效教学研究"优秀成果奖，构建了富有地方特色的区域初中英语有效教学模式体系。

通过本研究，我们针对初中英语教学中不同内容、不同课型，学生学习能力培养和作业设计等方面构建了一系列的有效教学模式，这些模式相互关联，互为整体，形成了本市初中英语教学的模式体系。这个体系包含以下六个方面的教学模式。

一、"情景导入—感悟操练—运用巩固"的英语听说课堂教学模式

1. 情景导入

好的导入可以让课堂事半功倍。我们根据每个模块话题的需要，采取不同

的方法创设情境、引入话题、导出新课，同时在情境中呈现词汇，如：英文歌曲导入、相片图片导入、视频导入、Duty report导入等。

2. 感悟操练

在充分的情境导入中学生已有所"感"，接下来我们通过听、读、复述来聚焦语言、操练语言、强化语言，让学生对学习的知识有所"悟"。

3. 运用巩固

此环节是用英语做事的环节，所以设计要符合交际的实际需求，尽量为学生创造一个刺激的、开放的、互动的、交流合作的学习天地。让学生在真实的情境中运用语言，通过运用掌握语言。

二、"读写结合教学模式"和"三段七步读写整合教学模式"的有效读写教学模式

1. 读写结合教学模式

表7-1　读写结合教学模式及其环节

教学环节		教师活动	学生活动	方式与评价
读前活动 Pre-reading	情景导入	利用图片、视频或介绍文章背景导入新课，在这过程中提出相关问题。	认真观看、聆听、思考和回答问题。	个体感知和回答问题。必要时进行小组讨论；教师给予评价和进行小组加分。
	词汇学习	1. 在语境或篇章中呈现生词，鼓励学生猜测词义。 2. 引导学生利用音标拼读生词。 3. 出示生词与词义匹配练习。	1. 利用语境猜测词义。 2. 借助音标进行单词拼读。 3. 完成生词与词义匹配练习。	个体活动为主。根据情况运用多种评改评价方式，最后落实到小组评价。
读中活动 While-reading	速读 Fast reading	1. 要求学生快速阅读找出文章的主旨大意。 2. 快速阅读找出每段的主旨大意。 视情况渗透阅读微技能（如何寻找主旨大意）。	快速阅读文章，找出文章和各段的主旨大意，整体把握文章中心思想。	个体完成（如难度太大可在个体完成后进行小组讨论）。

续 表

教学环节		教师活动	学生活动	方式与评价
读中活动 While-reading	细读 Careful reading	1. 要求学生按要求完成各种题型的阅读理解。 2. 适时渗透阅读微技能（细节题、猜词、判断推理等）。	1. 按要求独立完成各种题型的阅读理解。 2. 在老师的引导下归纳总结阅读微技能。	个体完成（如难度太大可在个体完成后进行小组讨论）。
	质疑	教师询问学生对文章理解有没有疑难的地方，鼓励学生提出自己的疑问。	学生就文章对自己不理解的地方提出疑问。	可个体提出问题，有能力的同学给予解答或者小组内讨论解决。老师给予点评，并落实小组加分和评价。
	语言点操练	引导学生归纳和操练重要的语言点。	学生在老师的指导下归纳和操练重要的语言点。	语言点的归纳可个人进行也可小组进行。
	朗读课文	教师对一些难发音的单词或难句给予示范指导。	学生朗读课文，留意难发音的单词和句子。	可个人朗读和小组朗读；也可全班集体朗读。可同学评价也可老师评价。
读后活动 Post-reading	复述课文	提供图画、表格或鱼骨架给出关键词让学生复述课文。	学生借助所给提示复述课文。	因任务有难度，可在小组内分工合作进行，然后派出代表进行复述。落实小组评价和加分。
	综合填空	1. 要求学生完成课文的综合填空。 2. 核对答案时要求学生朗读完整的句子。	完成课文的综合填空并大声朗读。	把学生的书写也纳入评价范围。
	写作训练（课后延伸）	按照所学文章的话题以及本课出现的生词和语言点设计写作信息点，让学生写一篇作文。	学生按要求完成写作。	可课后进行，也可利用下一课时在课堂上完成写作和评价。

2. 三段七步读写整合教学模式

表7–2　三段七步读写整合教学模式及其活动

三段	七步	教学活动	教学活动意图
读	话题导入	以听说活动为主的相关话题的视听活动或就某一话题的"自由"交谈。	话题导入是指在读写活动开始之前，引导学生进入课文特定语言环境的话语活动，以激活或补充相关的概念和背景知识，使学生对即将进行的读写活动产生兴趣和热情。
	读前预测	以听说活动为主，激发学生的阅读动机，组织学生预测文中将要涉及的内容，在话题语境中呈现新词，扫清阅读理解上的语言障碍和文化障碍。	这是学生阅读理解开始前的准备活动，主要任务是明确阅读目的和布置阅读任务。
	快速阅读	略读了解课文大意，或与读前预测的内容进行对比。	这是理解文本并在阅读过程中训练学生的阅读技能的过程，以获取内容信息、训练阅写技巧和获取篇章知识为主要目的，是教师创造情境让学生以自己的理解方式去解读文本的过程。教学活动依据阅读为写作服务的具体情况设计。
	细节阅读	寻读捕捉具体信息，划分课文结构，将事件排序，回答事实性问题，根据上下文推测词义。	
	深入阅读	回答推理性问题，推测作者的深层寓意。	
说	读后讨论	复述课文大意、讨论、辩论、讲故事、描述事物、叙述个人经历等。	这是处理和转移、内化阅读获取信息的过程，是阅读后语言输出的重要形式。它既能够检查学生对阅读材料的理解，又能促使学生对某些相关问题进行独立思考，是阅读后发展学生批判性思维能力的主要活动。
写	写前训练	学习相关的篇章写作知识和训练写作技巧（如衔接、过渡手段等）的活动，师生/学生草拟写作提纲等。有时为了降低写作难度，教师也会设计以句为单位的写作训练和以语篇为单位的口头作文。	这是为保证写作活动顺利开展而进行的准备活动，作用是保证学生"能"写和"会"写。

三段	七步	教学活动	教学活动意图
写	初稿写作	学生以最直接的方式在最短的时间内将其要表达的思想转换成文字，将构思的结果草拟成文。	这是纯粹的写作活动，学生需要在没有任何干预的情况下独立完成初稿写作任务。
	初稿评改	学生自我修改和同伴互改（对照写作评价自测表进行自评自改或互相修改）。学生修改的重点一般是选词、用法、拼写、标点符号、句法结构、段落结构等。	这是学生对初稿进行文字推敲和加工润色，主要由学生完成，教师的任务是接受咨询、提供必要的帮助或对典型的作品进行点评。

三、在语言知识与运用课方面，构建有效教学模式

1. "话题引入—语境感知—语法归纳—话题实践—综合评价"的课堂教学模式

该模式有三条主线，即话题主线、语法主线和评价主线。话题引入—把模块话题作为语法教学的载体引入，避免纯语法讲授，或脱离语用环境，吸引学生的学习欲望。语境感知—通过呈现语篇或情景等语境让学生感知语法的实际使用。语法归纳—经过学生的探索、合作讨论来归纳语法的意义和使用规则。话题实践—展开对话题的活动实践，在合适的语用环境中运用语言，用英语做事情。综合评价—借助与话题相关的评价手段和学生最后的语言产出，验证课堂效率和学习效果。这样，话题主线、语法主线、评价主线合三为一，巧妙地融合在一起，使得英语语法课生动、实用、有效。实践证明，这一模式是卓有成效的。

在反复验证这一模式的研究中，我们总结出以下三个语法教学的原则：

（1）语法教学要在话题语境中进行

人们的交际活动总是在一定的情景中进行的，这是因为人们表达思想和吸收信息的需要是由特定的话题语境激起的。因此，学习和使用英语词汇、句型结构、语法规则和话语进行对话等交际活动都要依赖特定的话题语境。

（2）语法教学与综合技能的训练相结合

正确的语法形式及其运用方法的意识对促进交际是必需的。因此，我们要将语法教学与语篇、语言交际运用等方面的训练结合起来，将语法自然地融合

到综合技能的训练中去，从而进一步促进学生语言综合能力的发展。我们根据语法的交际功能，与模块话题结合起来，达到综合运用的目的。

（3）语法教学与评价手段结合

教学评价是教学活动的一个重要组成部分，评价不仅仅是为了评判和鉴定教与学的效果，更是为评价者和被评价者指明教与学的方向。根据模块的主题，设计与之相关的评价方式，一方面吸引学生的注意，提高学生学习的兴趣，使学生更好地集中注意力于学习上，也能更好地完成语法学习的任务。恰当的评价能很好地加强学生的竞争意识和小组内合作意识，提高学生的学习积极性。另一方面，恰当的评价与主题巧妙地融合在一起，相辅相成，顺理成章，使上课的流程更顺畅，步骤间衔接更为合理，使上课达到行云流水般的效果。

2. 探索出"感知—探究—归纳—运用"的初中英语语法课堂教学模式

"感知"是指教师在教授语法时应注重创设语境，使学生更好地感知、理解语法，并降低学习时的焦虑感。"探究"是指引导学生思考目标语法的用法、意义，让学生自己分析并找到答案。"归纳"是指在学生探究的基础上从大量具体现象中总结、提取出其中的规律。"运用"是指目标语法在英语语言中的运用。实践证明，这一教学模式符合语法教学的规律，并具有鲜明的科学性。

在反复验证这个模式的研究中，我们总结出来以下两点注意事项：

（1）结合初中各学段的特点，对课堂环节有所侧重。根据初一年级的语法项目较少，内容也较简单的特点，侧重情景教学，以提高学生的兴趣为前提。对于新的语法内容，第一印象很重要，因此在语法课堂的导入时要多花些时间和心思，通过设置一些活动，提高学生学习的积极性，让学生充满激情地融入课堂。随着初二年级语法项目的增多，教学难度也大大提升，除了情景教学外，我们重点运用归纳和对比教学法，引导学生对较复杂的语法知识进行归纳比较。同时，由于初二的学生学习能力大大提高，我们开始着重指导学生对语法现象进行积极思考和自主探究，从中发现规律并进行归纳总结。到了初三年级，语法教学的重点是结合中考进行语法复习，因为语法内容都不是新的，所以重点放在归纳和运用上，教学中应采取精讲多练、讲练结合的模式，即以练习为主，辅以适当的讲解和分析，并要结合中考的语法考点，对初中三年的语法知识进行梳理和总结，提高学生的语言综合运用能力。

（2）要把模式研究与集体备课活动紧密联系起来，达到集思广益、优化教学的目的。下面以一般过去时的语法教学为例，说明如何把模式实践与集体备课活动紧密相联。过程图如下：

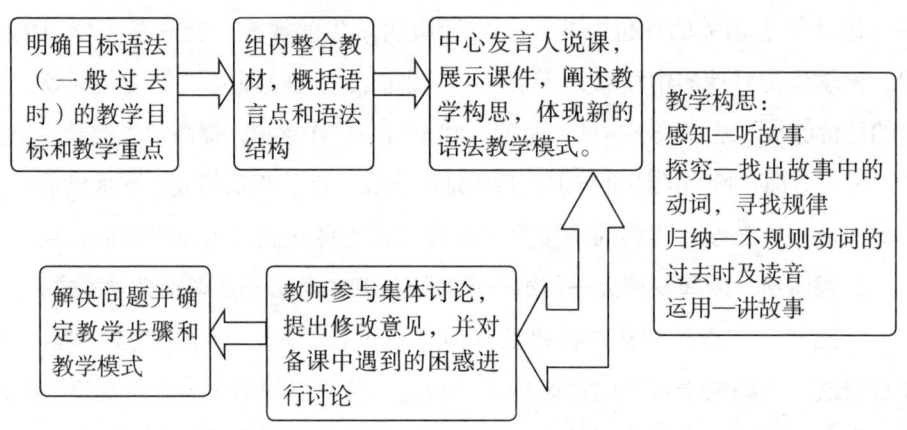

图7-1　"感知—探究—归纳—运用"的初中英语语法课堂教学模式

四、在复习课方面，构建了"以话题为中心"的初中英语集中总复习教学模式

这个模式由"话题激活单词——词汇构建话题——话题阅读——话题写作"构成。

1. 以话题激活单词

按话题集中复习单词，正如图书馆的分类藏书，方便词语的储存、检索和提取。

2. 以词组、短语和句型构建话题的框架

以话题为载体，将词组、短语和句型，甚至语法与语篇、语言交际运用等方面的训练结合起来，将语言形式自然地融合渗透其中，从而进一步促进学生的语言综合能力的发展。

3. 通过话题阅读丰富话题写作的语言基础

围绕话题内容选择阅读材料，通过话题阅读丰富话题写作的语言基础。

针对佛山中考的特点，设计形式多样的阅读题型，这些题型包括完形填空、综合填空、阅读选择、阅读回答问题等，教师在教学中渗透阅读技巧的点拨。以"个人信息"为话题的阅读文段很多，尤其是名人，我们可以选刘翔、狄更斯、鸟叔等不同领域的名人。

4. 以写作提升对话题的语言输出

以话题为中心，设计材料，让学生进行写作练习，以提升学生的语言表达准确度和流利度。

五、"任务—合作—拓展—评价"的有效教学模式

"任务—合作—拓展—评价"由"带着任务自主学习""小组合作自教""任务拓展展示""师生即时评价"四个中心环节构成。即先由教师引导学生，给予学生模块的学习任务，让学生进行自学到小组交流和全班交流进行自教（互教），再进行归纳总结，展示任务学习成果，最后师生对任务完成情况进行评价，提炼升华、让整个教学过程在教师的指导下以教材的模块任务为出发点，通过发挥学生的主观能动性和创造性，达到帮助学生掌握基本知识、让学生构建自己的知识体系、在学习过程中树立创新意识、培养学生学会学习的能力的目标。

1. 教师启动——任务进行的前提

"任务"环节上，追求一个"明"字，即教师必须向学生明确提出学习目标和任务，并进行开放性的选材，对学生进行任务的输入，激发学生带着任务学习英语的热情，从而提高他们学习的积极性。

2. 学生合作自学——任务进行的基础、关键

建立有效的英语小组进行合作学习十分有必要，小组成员之间可通过面对面的互动交流来运用语言，求得知识，提高技能。学生通过竞争与合作学习能及时体验到成功的快乐和集体荣誉感，改变学生认识世界的价值观、态度、能力，促进学生认识世界方法的社会化，有利于人格和心理的健康成长，有利于提高学生学习的效率，提高英语教学的质量。在"合作"环节中，强调突出一个"活"字，即灵活地运用两两交流或小组交流形式，保证每个学生都能积极参与学习活动。

3. 学生拓展展示——任务进行的主体

在这个环节里，力求体现一个"用"字，即活学活用，保证学生掌握好基本知识，把学生的学习兴趣和思绪引向教材之外，延伸至课堂之外，使他们树立自信心，养成良好的学习习惯，形成有效的学习策略，发展自主学习的能力和合作精神，为学生的终身发展打下良好的基础。

4. 师生即时评价——任务完成的效果

评价的目的在于：一方面诊断学生学习语言知识和能力的达标情况；另一方面，对于未能达标或达标不足的缺陷部分进行即时的补救，以便更全面达成教学目标。教育心理学研究表明，正确的评价、适当的表扬与鼓励是对学生学习态度和学习效果的肯定的强化方式，它可以激发学生的上进心、自尊心等。所以要给予学生期望和鼓励，及时给予学生肯定性评价，这样可以更好地激发学生积极的学习动机。

六、"层次化、多样化、趣味化、综合化和个性化"的教学模式

1. 作业布置的对象层次化

按平时测验成绩和口头表达能力对学生进行分层分组布置不同类型的作业。以某班为例：组1：（15人：好、中、差各5人）完成传统作业；组2：（15人：全是优生）按创新型方式布置作业；组3（15人：全是中层生）按创新型方式布置作业；组4：（10人：全是中下层生）按传统与创新结合的方式布置作业。

2. 作业布置的形式多样化

（1）预习性作业

外研版的英语教材中，从八年级开始，新词汇骤增，学生消化很困难。引导学生预习新词，特别是了解新词词性及恰当的使用环境就很有必要了。但如何让预习做到高效呢？老师可以为学生"量身定做"一些预习作业。

（2）课堂深化性作业（10分钟）

针对课的重点、难点出练习卷，题型为选择题、完成句子和综合填空或听取信息题，每一道题都由老师亲手设计或从题海中精选，确保作业富有典型性、启发性、挑战性、系统性。

（3）课后、自习延伸性作业

科学的作业布置体系分为基础练习作业、巩固练习作业和分层拓展作业三个方面。在设计课外作业时，我们遵循学生的个体差异，紧扣教学目标，按照"基础——巩固——拓展"的思路进行设计，使学生在课上学习的知识得到巩固。

（4）作业布置内容的趣味化和综合化

利用网络把知识从课内拓展到课外，调动学生学习的积极性。适当布置一些周末录音、晚读听力训练、采访、上网查资料、实地调查、写英文调查报告等方面的作业。这样做，不仅能增加作业的趣味性，减少学生对做作业的厌烦感，更重要的是可以拓宽学生的视野，提升学生的综合实践能力。

（5）发挥学生特长，设计个性化作业

学生学习英语，不仅要动口、动耳，还要动手。利用中学生具有丰富想象力的特点，设计一些个性化的作业。如：制作英文贺卡、邀请函、名片等，让学生的动手能力得到发展，增强跨越式中西方文化意识。

以上是本研究的部分结果，这些聚焦有效教学的听说课堂教学模式、读写课堂教学模式、语言综合实践课堂教学模式、语法教学模式、语音教学模式、复习课堂模式、学生学习能力培养模式和课外作业教学模式等构成区域有效教学模式体系。通过研究与实践，证明了课堂教学的效果与学生课前、课后的学习以及学生的自主学习能力都有着紧密的联系。由此，也引发出对学生自主学习能力的关注，自主学习能力与学生的学习效能息息相关，要提升学习的有效性，就要提高学生的自主学习能力。因此，在有效教学模式研究的基础上，着手开展学生自主学习能力培养的研究。

第四篇

完善与发展阶段
（2013—2017年）

第八章

模式概述:"策略指导促自主学习"英语教学模式

本阶段以华南师范大学黄丽燕教授提出的"策略指导促自主学习"英语教学模式为研究的主要教学模式,通过实践、推广、总结教学模式,提炼出促进学生自主学习的外语学习策略。该教学模式的主要目的是通过在课堂教学中指导学生使用学习策略解决问题,增强学生使用学习策略的意识,从而提升学生的自主学习主动性,促进其综合语言运用能力、认知思维能力和自主学习能力的发展。此阶段是整个研究的重要阶段,佛山市教研室英语学科组向广东省教育科学规划领导小组申报了"培养学生自主能力的初中英语教学模式的研究与实践"项目,并于2015年5月获批为广东省教育科研"十二五"规划研究项目(课题批准号为2015YQJK057)。获批后课题组开展了一系列的研究和实践工作。

"策略指导促自主学习"英语教学模式在黄丽燕教授提出的"EEA"教学模式(即体验(Experiencing)-探究(Exploring)-应用(Applying))的基础上,结合外语学习策略再细化为以下五个操作步骤:体验、探究、策略指导、自主学习以及贯穿于整个教学过程的评价。

体验阶段,包含导入和输入。教师通过音频、视频、文字等媒介引入,激发学生的学习兴趣和提取学生大脑中对相关话题的已有图式,帮助学生复习已有知识。此外,通过听、读途径,输入新的语言材料或者要复习的旧知识,让学生体验内容和语言在语境中的运用。

探究阶段,包含理解和内化。学生通过完成任务,加强对输入材料的分析、理解、归纳和模仿等。

策略指导阶段，包含示范和练习。教师先示范如何使用学习策略解决学习问题、任务等，再指导学生熟练使用有关策略。

自主学习阶段，包含应用和反思。通过任务驱动让学生运用所学知识和策略，结合自己的情况加以反思，并且要求学生对完成的任务进行反馈、评价。

第一节　听说教学模式

《义务教育英语课程标准（2011版）》[1]指出"语言技能是语言运用能力的重要组成部分，主要包括听、说、读、写等方面的技能以及这些技能的综合运用，其中听和读是理解的技能，说和写是表达的技能"。由此可见，听说是语言技能综合运用的一个重要环节。然而在教学实际中，教师对听说教学的重视程度不如读写技能。听力是一种被动接收的语言输入技能，听力教学模式也比较固定，因此学生被剥夺了主动调动听力策略帮助自己完成听力的权力，也失去了掌握自主听说学习的机会。在"策略指导促自主学习"的听说教学中，教师把听说训练的过程还给学生，让学生发挥主体作用，自主调动听说策略完成对听力材料语篇层面的理解。

一、七年级听说课例设计1

设计指导：佛山市教研室 何润青；执教：佛山市实验学校　刘斯。

（一）设计说明

本课例以外研版七年级上册"Module 5 Unit 1 I Love History."为教学内

---

[1] 中华人民共和国教育部.义务教育英语课程标准［M］.北京：北京师范大学出版社，2011.

容，主要是关于如何用一般现在时去介绍每天的课程和喜欢的科目。教学对象为七年级的学生，他们具备基础的听说能力，大部分学生对科目和时间表达有一定的语言基础，能掌握根据任务去听懂课程介绍和听懂句子逻辑的认知策略。但是他们普遍未能熟练掌握并运用听力中抓住关键词、快速做好关键笔记并把记录的信息进行小组交流、产出新的信息等认知、调控、交际及资源的学习策略。本课目标在于引导学生用不同的学习策略，在熟练掌握常见科目词汇和不同时间表达法的基础上，能通过边听边快速记笔记，去理解关于课程介绍和讨论的对话，利用听到的关键信息进行小组交流和讨论，形成一个小组共识的新课表并对其进行介绍说明。

（二）教学步骤设计

Step 1：体验（导入与输入）

活动1：检测课本词汇和时间表达法的预习效果。运用时钟教具，训练几种时间表达法（重点是掌握使用half，past，to等几个难点）；结合课程，让学生能够准确地介绍具体时间上什么课，把时间表达和课程介绍有机联系起来。教授的主要学习策略为根据需要进行预习、与已有知识建立关联的认知策略。

活动2：拓展相关词汇，构建课堂任务手脚架。让学生描述班级一周课程表，引出非预习范围的其他科目（地理、生物等）词汇的学习，目标是让学生在已知词汇的基础上进行小组合作，讨论并掌握日常课表的非课本单词表上的科目的单词，并进行小组内合作学习。教授的学习策略主要为资源策略中的使用简单工具书查找信息和调控策略中的与同学合作、交流学习。

Step 2：探究（理解与内化）

活动1：听力理解训练。本段对话是由Tony和Betty就Monday和Friday两天的课程进行交流。通过听懂课文对话，选择4个关于课程和时间的问题答案，让学生听懂介绍科目和时间表达的句型，提高对关键信息的敏感度。教授的主要学习策略为认知策略中的在学习中集中注意力并善于记要点。

活动2：听并记录关键信息，复述对话。听力前，对学生进行听力策略的指导，让学生把关键信息（时间、课程、对科目的评价）先用表格的形式列出来，边听边记录相关重要信息，并教会学生运用单个单词或者缩写来快速记录。再次播放Tony和Betty的对话，让学生从听力实践中感知什么是"关键信息"。听力结束后，进行小组合作，运用关键信息去复述Tony与Betty的对话。教授的策略为善于利用听力信息理解主题，对获得的信息进行归类和整理的认知策略，以及通过与小组成员的交流和讨论，有效地达成"复述对话"任务的交际策略。

Step 3：策略指导（示范与练习）

活动1：比较归纳。把Tony和Betty的课表与学生实际的课表进行比较，引导学生从时间和课程安排去讨论，比较喜欢哪个课表？为什么？学生会在这个活动中思考"我喜欢的课表"和"为什么喜欢"两个问题的逻辑关系（because，so），在已获得的词汇和已有语言基础上，通过思考和讨论，逐渐形成自己的语言。教授的策略主要为调控策略中的明确自己的学习所需和积极与同学交流。

活动2：小组合作，运用与创新。基于上一个活动的认知和语言基础，进行任务型的小组合作学习：设计"My Ideal School Timetable"。教师通过创设符合实际的情境，让学生能够设计理想的一天课表并进行介绍和说明。教授策略主要为调控策略中的积极参与课堂英语学习活动和交际策略中的把交际的注意力集中在意思的表达上。

Step 4：自主学习（理论与反思）

活动1：投票与选择。让每个小组派代表轮流介绍自己小组"My Ideal School Timetable"的设计，其他小组进行投票和选择。根据每个小组的不同设计，找出一个同学们认为最符合班级需要的一天课表，教师引导学生讲出理由。教授的学习策略为应用所学以及思考和评判能力提高学生思辨能力的过程。

活动2：反馈总结。教师对小组的展示和投票结果给予相应的反馈，并引导学生对学科的均衡发展和兴趣爱好进行有机结合，让学生获得学习情感上的教育。最后，通过关键信息归纳本节课所学。教授的学习策略为调控策略中的评价自我学习效果、总结有效的学习方法和培养积极的学习态度。

（三）评析

本节课的话题内容为贴近学生实际的课程话题，学习任务是能够让学生感兴趣的一天课表的设计活动。在体验阶段，教师通过检测预习效果和拓展词汇量，夯实学生的语言基础，为实现课堂任务做好铺垫。在探究阶段，通过设计听力理解的问题，让学生能够把时间表达法、课程介绍和个人观点联合起来，总结相关句型和表达方法，构建手脚架；通过听力策略的指导，学生获得如何快速记录关键信息并对听力对话进行复述的能力。在策略指导阶段，教师引导学生通过比较课表，逐渐形成自己的语言与思辨能力；通过小组合作去设计介绍课表的活动，学生能把本节所学的语言和思考能力充分结合和调动起来。在最后的自主学习阶段，在聆听其他小组的介绍时，学生能够再次进行对比和反思，进一步渗透调控策略和交际策略的实践效果。

总之，在本节课中，授课教师利用教学策略渗透的方法，教授学生多元学习策略并培养学生的自主学习能力。具体来说，就是在环环紧扣的教学活动中，学生运用所学的知识技能，把握学习和合作的机会，反思和评价自己的学习情况。另外，授课教师还设计了专门的策略指导环节，培养学生把课文所学与实际进行对比并生成新的认识和设想，培养学生的思辨能力、聆听能力和创新思维。通过本节课的学习，学生能够运用相关词汇和句型，比较符合逻辑地介绍和说明"My Ideal School Timetable"，并为下节课"Unit 2　My School Day"的学习在内容和话题上的延伸搭好桥梁。

二、七年级听说课例设计2

设计指导：佛山市教研室 何润青；执教：佛山市实验学校　麦瑞仪。

（一）设计说明

本节课的教学内容为外研版九上Module 6 Unit 1听说课，主要是关于用状语从句来给建议，从而化解Tony和父亲之间的矛盾。教学对象是九年级的学生，具备一定的听说能力，但学生自主学习能力较弱，部分学生未找到合适的听说学习方法和策略，学习效果一般，在学习策略上仍需要老师具体指导，尤其是对自我学习策略监控和调整方面缺乏方向。本节课的教学目标为培养学生的听说能力，指导学生学会用状语从句提建议，并学会听前预测，听中做笔记和整理信息，听后根据内容推断情节等听力认知策略。此外，学生应能用所学英语对对话或文段进行提炼和概括，用状语从句提建议，还要使用交际策略和调控策略提高自己的自主学习的能力。

（二）教学步骤设计

Step1：体验（导入和输入）

活动1：检测预习。采用抢答游戏的方式激活课堂。根据图片提问单词或短语的表达，学生不再被动地等待老师播放录音或带读，讲解中文意思和固定搭配，而是在预习是借助工具（课文录音、英汉词典等）或在同伴的互学下获得这些基础知识。教授的学习策略为记忆、归纳、联想等认知策略，还培训了学生能利用简单的工具书等获得知识的资源策略。

活动2：拓展词汇。由于学生的自主学习是允许错误的，因此，教师会根据回答情况调整教学，重点教授学生尚未掌握得好的内容，并补充输入其他必要内容。

活动3：自评反拨。学生进行简单评价，查看自己的预习效果，再跟同伴交流，分享好的学习策略，拟定下次的目标。如有需要，学生及时调整学习策略。所教授的学习策略为调控策略，学生明确自己的学习目标，制定切合实际的学习计划，积极探索适合自己的学习方法。

Step2：探究（理解和内化）

活动1：听并回答。先让学生默读选项，从问题中预测尽可能多的信息，标注关键信息，再听。所教授的听力策略是根据相关信息进行听前预测。

活动2：听辨对错。第二次听对话，这次的侧重点在于判断细节对错。让学生养成先看题目预测的习惯，再者，听中猜测、综合运用"自上而下"和"自下而上"的信息加工模式，留意关键词如：时间、地点、数字和关联词等，并进行速记。相关的学习策略是听前利用已有知识进行猜测；听中关于说话者的语音、语调；关注语篇关联词表达的逻辑关系，集中注意力，学会用符合或简单单词、字母来速记关键信息。

活动3：理解和内化重点句型。在语篇中理解if...will句型表达的逻辑关系，老师单独列出来进行讲解，要求学生用不同的句子表达相同的意思，强化理解句子，关注意思的表达。同理类推，让这个重点句型在学生心中内化。学生在本节课其他活动中将会用到这个句型的变式。此处采用认知策略是：主动探究，善于发现语言的规律并能运用规律举一反三。

Step3：策略指导（示范与练习）

活动1：听中记笔记。听Tony和父亲之间的一段对话，设计任务让学生记下关键信息：假设你是Tony，父亲的哪些话让你感觉不舒服。教授的学习策略主要包括：认知策略中的善于及要点，给信息分类整理。听的过程中，把自己想想成对话中的一个角色，也是听力学习的一个重要策略。学生回答问题的时候，就笔记里的单词和符号，转变成完整的话语。这个活动为学生创造了一个信息从听到说的转换练习，学生主要使用了重组关键信息的认知策略。

活动2：示范与模仿。此处让学生讨论Tony和父亲之间的问题，并给建议。学生即将要根据语篇来概括，并用关键句型来表达建议。因此，老师在这里给出了一个示范，教师使用关键词描述父子之间的问题，并用上文练习过的make a deal作为解决方案，自然地用上目标"if...will"句型。然后再带着学生分析这个示范，让学生归纳出汇报时要提到的关键点，并现场生成学生汇报时的评价标准。这里所教授的策略是模仿，熟记表达某些专题的常用句式。其次，认知策略归纳、总结技巧对学生来说也是很重要的。

活动3：学生展示和评价。学生根据刚才总结出来的关键点，两人一组互相对话，一问一答。为了降低焦虑，在座位里互相练习，练好后脱稿上台展示对话。安排了台下所有的学生都是Tony，Tony们的任务是根据评价标准给展示的学生评分并说出合理的理由。策略上，这个活动设计让每位学生都代入了一个既定的角色，展示者关注自己交际时的意义表达，借助手势和表情进行交际；观众们代入Tony的角色集中注意力听相关信息，并记住要点，对展示者进行评价。

Step4：自主学习（应用与反思）

活动1：分享笔记。邀请几位同学分享他们在同学展示时所作的笔记，分享方式：先根据笔记复述对话大意，然后对展示者进行点评。教授的学习策略主要包括认知策略中的记录要点，通过重复等方式转述信息等；交际策略中的抓住用英语交际机会，调控策略中积极参与课内外英语学习活动。

活动2：反思总结。教师列出教学目标词汇、句型、学习策略，让学生自评和互相评价，讨论后个人拟定下一阶段活动的目标。这里所教授的认知策略是对所学知识的复习和归纳。此外，学生将对自己的学习进行自我评价，并接受同伴对自己的学习进行他评，反思自己在学习中的进步和不足，制定自己的学习目标和学习计划，跟别人交流学习体会的策略，这些调控策略由学生自主发现，自我评价和自我调整。

（三）评析

本章节围绕"青春期问题"这个主题展开教学，Unit 1的对话呈现了Tony和父亲之间的矛盾。学生训练了听说的技巧，同时，也让处于青春期的学生们学会坦然面对问题，培养他们通过有效途径解决问题的思维方式。在体验阶段，教师用抢答游戏激活课堂，检测学生预习效果，学生能自己通过工具书找到答案的，老师不另外花时间讲解，把自主学习的锻炼机会留给学生，学生的自主意识因此得到培养。对于学生未掌握到位的基础知识教师进行补充讲授。学生对自己的预习效果进行自评，制定下一阶段的目标。在探究阶段，着重训练了学生听和说的技能，听前预测听中集中注意力，用符号记录关键信息等策略得到了应用，在语境中理解重点句型if...will句型，培养了学生听逻辑、听细节的技巧。在策略指导阶段，教师为学生创设了角色代入的情景，让学生想象自己是其中的一个角色，建立了学习材料和学生的交互关系。安排了学生两人一组对话并上讲台做展示，台下评委既要听，也要做好对展示者进行评价的准备。教师没有直接列出评价标准，而是让学生根据教师示范讨论出展示的评价标准；不是老师直接评价，而是邀请学生互评。学生的主体地位得到了充分的体现。在最后评价环节，教师让学生用自评和他评相结合的方式对本节课的学习进行评估反拨。

总的来说，该课例将学习策略的培训和评价巧妙地运用在各个活动中，学生将掌握以if...will为基础上的更多状语从句，同时，学生将会在形成评价中反思个人的学习策略和学习效果，为提升学习效果和自主能力而调整学习策略。比较明显地看到，加强了学习策略的渗透后，部分学生的学习方式和学习行为也发生了变化；当他们发现自己的学习效果不如其他人的时候，小组内发生了研究性的对话，由同伴分享的经验竟然跟专著所提及的认知策略、调控策略、资源策略等不谋而合。另外，及时、多元的评价为学生提供了改善学习策略的切入点；教师及时为学生提供多种策略培训和指导，为学生的自主能力提升提供了方法，搭建了平台。

三、八年级听说课例设计1

设计指导：佛山市教研室 何润青；执教：佛山市实验学校　李嘉茵。

（一）设计说明

本课例以外研版八年级上册"Module 2 Unit 1 It's taller than many other buildings."为教学内容，本单元以"My hometown and my country"为话题主线，培养学生利用形容词比较级的句型和具体数字比较两个城市的听说技能。本课例的教学对象为八年级的学生，已具备一定的听说基础和语法基础，但还没有熟练掌握听前运用已有背景知识、已知信息对材料进行听前预测的学习策略。本节课的目标为培养学生的听说能力，指导学生利用形容词比较级和具体数字来描述城市，并学会利用已知信息对听力材料进行预测等学习策略。从总体来说，本课例在教学的各个环节当中都渗入了对学习策略的培养，用多种教学手段不断引导学生练习形容词比较级，并在教学展示中详细引导学生进行听前预测的训练，让学生在听、说、思考中不断地巩固所学，提升能力。

（二）教学步骤设计

Step 1：体验（导入与输入）

活动1：看图猜测。向学生展示一组各城市风光的图片，让学生根据图片提示说出该城市的名字，并引导学生说出该城市的特点。教授的学习策略主要为认知策略中的在学习中利用图画等非语言信息理解主题。

活动2：头脑风暴。让学生尽可能多地想出与某个城市名首字母相同的形容词修饰该城市。例如，famous Foshan，beautiful Beijing，wonderful Washington等。教授的学习策略主要为认知策略中的借助联想在相关知识之间建立联系。

Step 2：探究（理解与内化）

活动1：听力对比。听取听力材料中关于两个城市的名字、人口、城市地标等信息，并用形容词比较级的句型对这两座城市进行对比。在听前引导学生根据背景知识推测听力材料中有可能涉及的内容。教授的学习策略主要为认知策略中的在学习中要善于记要点以及根据需要进行预习。

活动2：听前预测培训。教师根据听力材料自行设计获取信息的练习，在听力开始之前，先演示一遍如何根据已知信息进行听前的预测，再让学生自行进行听前预测。预测的过程当中进行小组讨论，小组成员之间互相讨论答案，再商讨出一份最终结果在班内呈现。教授的学习策略主要为认知策略中的在学习中要注意思考，调控策略中的经常与教师同学交流学习体会，以及交际策略中的遇到困难积极地寻求帮助。

活动3：听取信息。根据自己所预测的结果，带着问题完成教师设计的练习，听取正确答案之后，与自己预测的结果进行对比、反思。教授的学习策略主要为调控策略中的注意了解和反思自己在英语学习中的进步与不足。

Step 3：策略指导（示范与练习）

活动1：语法句型归纳。引导学生自行总结听力材料中所出现的形容词比较级，总结形容词比较级的基本结构和基本用法，以及形容词比较级所涉的句型。教授的学习策略主要为认知策略中的积极思考、发现，并总结听力材料中的语言规律。

活动2：句型训练。教师给出佛山和深圳的基本数据和资料，引导学生利用所学句型比较和描述这两个城市。教授的学习策略主要是认知策略中的整理归纳学习要点并能应用所总结的规律。

Step 4：自主学习（应用与反思）

活动1：推荐旅游城市。小组合作，推荐一个适合国庆节出游的城市，列出推荐理由，运用所学的形容词比较级的句型，为自己推荐的城市在班里进行演讲拉票。每个小组可为最喜欢的城市投票，并说明投票的理由。教授的学习策略包括调控策略中的积极与老师和同学交流和交际策略中的积极使用英语与别人交流。

活动2：反馈总结。教师对学生的课堂演讲给出适当的反馈，再引导学生进行自我的反思和总结，归纳出本节课的主要内容。教授的学习策略主要是调控策略中的自我评价学习效果，总结有效的学习方法。

（三）评析

本课例的话题围绕描述城市而展开，是学生相对而言比较熟悉的话题，贴近学生生活，学生有话可说。在本课例中，教师围绕利用形容词比较级句型描述对比两个城市的任务，利用各种各样的教学手段，为学生做好语言输出的准备。在体验阶段，教师通过利用图片和头脑风暴，迅速地带入本课话题，更是用游戏的方式，充分地调动起学生的积极性，唤起学生对话题的原有基础知识，为下面的活动做好语言准备。在探究阶段，教师通过对听力材料的练习设计，引入听力技巧，并带领学生由浅入深，一步一步地掌握听前预测的听力技巧，通过小组合作和学生的互帮互助，进一步促进学生的听力策略的落实。在策略指导阶段，教师通过引导学生归纳形容词比较级的结构和用法，并通过简单的造句练习，使学生为下面的活动做好充分的语言准备，为学生搭建手脚架，帮助学生夯实形容词比较级的用法。在自主学习阶段，教师为学生创设贴近学生生活的情景任务，让学生进行小组合作，在相对真实的语言环境中使用形容词比较级来推荐适合旅游的城市。学生在进行任务的过程当中，进一步落实了调控策略和交际策略的实践，更好地培养了学生的综合语言素质。在任务的最后一步，学生需要进行相互的形成性评价，提高了学生的参与程度，也提高了交际策略中的自评互评对学习的推进作用。

总的来说，在本课例当中，教师通过多样的教学手段，在教学的各个环节当中渗透了形容词比较级的用法，并通过设置不同的教学任务让学生体验落实目标语言的使用。在教学的过程当中，教师渗透了多元的学习策略，让学生总结、归纳、合作、对比、互评，使得学生掌握多种学习策略，培养了学生的自主学习能力。

四、八年级听说课例设计2

设计指导：佛山市教研室 何润青；执教：佛山市实验学校 冯敏仪。

（一）设计说明

本节课的教学内容为外研版八年级上册 "Module 7 Unit 2 She was thinking about her cat."。上课对象为八年级学生，授课时间为40分钟。八年级的学生通过几年的英语学习，已具备基本的听说能力，语法上在七年级学习了过去时，但对于语速和语调的表达仍缺乏训练，并且需要更深入地学习过去进行时。本节课的教学目标是让学生能够初步理解过去进行时的意义；初步运用整体理解的阅读技巧来读懂故事，利用"准确、流畅及有感情地朗读"三个提升朗读技能的要素去朗读文段；通过阅读本文，激发对西方文学的热爱，希望学生能够主动阅读更多西方文学名著。

（二）教学步骤设计

Step 1：体验（导入与输入）

活动1：听录音，根据课文内容完成选择题。学生在听录音过程中开始感知本文大概内容和感情基调，熟悉本文所出现的重要人名、地点、动作的英文单词，为后面学生自己说做铺垫。完成选择题来建立学生对本文认知水平的自信心。若学生能答对该题目，教师能够明确学生听明白了录音，并且激发学生继续阅读下文的兴趣。

活动2：朗读以下流程图展示的4句文本大意。要求学生以这样的方式朗读，读第一句，用表达事情发展顺序的词组连接第二句；读第二句，用表达事情发展顺序的词组连接第三句。如此类推，把整段故事中四个表达主要内容的句子读完。"Alice was sitting with her sister by the river.And then，Alice saw a rabbit with pink eyes ran by."，然后再读"Alice was sitting with her sister by the river，and then，Alice saw a rabbit with pink eyes ran by.After that，she went down a large rabbit hole after the rabbit."。

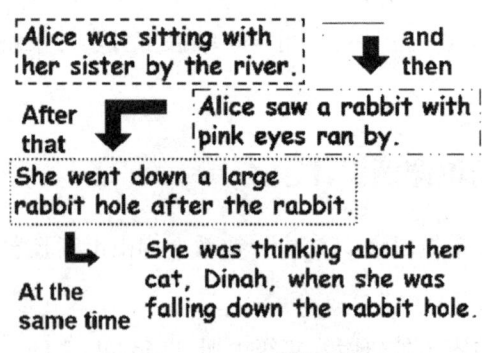

图9-1-1　4句文本大意

学生重复去朗读展示本文的四个最重要的句子，不仅能提高学生朗读的准确度，还能根据所提示的时间词来构建事情发展顺序逻辑，对本文有更深地理解和印象。

Step 2：探究（理解与内化）

自主阅读课文，根据课文内容，判断正误，举绿色或红色卡纸表示。给学生充分的阅读时间读懂故事内容。在听力中已经使用过选择题，此次检测利用判断正误的方法，增加新鲜感。另外，使用绿色和红色卡纸，更能增加学生参与的积极性。

Step 3：策略指导（示范与练习）

体会故事角色的情绪并进行有感情朗读的练习。利用"三步走"的步骤，从"读得准确"，到"读得流利"，最后"读得有感情"。首先"读得准确"由教师先慢慢带读，从全班跟读，到小组朗读，再到个人朗读；"读得流利"由老师示范，读得速度很快，从全班跟读，到小组朗读，再到个人朗读；最后"读得有感情"由教师富有感情地带读，加上少许肢体语言，从全班跟读，到小组朗读，再到个人朗读。学生通过教师的示范，全班同学的示范，到小组示范，再到最后个人展示，重复听取句子和朗读句子，极大地训练了听说技巧，并且深深地体会文中角色的心理。

Step 4：自主学习（应用与反思）

活动1：学生进行两人练习和单人练习。学生两两进行口头练习的时候，能让双方了解其他同学是如何表现角色，从而加深对角色心理的理解。聆听他人的展示，也有助于自己听力的内化。随后学生上台展示。学生的展示，给全班同学做了一个样板，学生可以吸取做得好的地方，也能以需要改进的地方为鉴。

活动2：提问并讨论本节课所学的三个朗读技巧及课文相关问题。借此检测学生对文章的理解，并反馈学生对本课语言技能的获得，以激发鼓励学生在课后进一步运用朗读技能。

（三）评析

目标的设计：

根据《初中英语课堂教有效性评价标准框架列表》的标准，"教学目标设置"的优秀层次水平描述是："知识、技能、情感、策略和文化目标设置合理，并能根据教学实际有所侧重；能具体预设学生将获得的学习效果，可操作性和检测性强"。

第一次设计：

把该课定义为阅读课，把目标设定为"能够读懂故事开头，能预测故事剧情发展，学会理解意群的阅读技巧和学会利用意群来复述故事"。因此，把课堂分为两部分，学生阅读课内文本，归纳出文本中潜在的两个意群，并各用不多于2个句子来总结意群大意。随后学生用老师提供的课外文本，内容也是《爱丽丝漫游仙境》，用不多于6句话归纳出几个意群，并根据大意复述故事。但在这么短时间内实施两个教学过程，是很难深入达到四个目标，即使是"知识"这个目标都未必能高效达成，何况是"预测故事剧情的发展"。因此，否定了第一个设计。

第二次设计：

把课堂定义为读写课，以"为爱丽丝设计奇幻的历险旅程"为主线，目标改为：学生能熟练运用过去时和初步掌握过去进行时；能够使用过去时或过去进行时描述故事；学生能够运用整体理解的阅读技巧来读懂剧情和用关键词续写故事。设计了两大部分：第一部分是阅读三次课内文本，从整体和细节上去把握理解文本，了解到文本主人公的性格，并且处理重点词组；第二部分小组合作，利用抽取的关键词为爱丽丝设计历险旅程。看似目标和设计都很符合，阅读文本从而读懂故事情节并处理过去式的语法问题；小组合作写旅程从而达到用学过的关键词描述故事，但目标仍然太多，过程复杂，即使老师能够在一节课内带着学生完成所有环节，那只是完成任务，而学生却没能吸收多少。

第三次设计：

考虑到设计一堂课，不一定要按照书本所分的类型去设计，单元一为听说课，单元二为读写课，可以利用文本进行不同的创作。最后，笔者将其定义为听说课，目标为"学生能够初步理解过去进行时的意义，学生能够有感情地朗读文段。学生能够初步运用整体理解的阅读技巧来读懂故事"。简单的来说，就是能够有感情地朗读文本，符合"能具体预设学生将获得的学习效果，可操作性和检测性强"和"根据教学实际有所侧重"。

根据这个目标，教师设计两大部分：第一部分学生听文本回答两个简单的理解性问题，明白文本大概的内容，然后朗读表达整个文本故事剧情的最重要的四个句子；第二部分老师示范朗读的"三步走"过程（准确、流利、有感情），然后学生自行练习，朗读故事中最能表现兔子和爱丽丝感情的2—3个句子。

两大部分都在围绕"听说"这个目标，学生从不敢开口到开口，从不会读到有感情地朗读，学生只有在理解人物表达的感情后才能有感情地朗读。所以学生在能够有感情地朗读后，教师就能明确学生已经成功达到理解和有感情地朗读这个目标，并且能够清晰地看到学生的习得过程。

总的来说，目标要符合学生需求，才能真正激发学生的学习动力和热情。制定的目标要简单精辟，让学生在固定的有限的时间内进行充分训练；设置的活动要紧扣目标，让学生运用不同方法操练相同的目标语言；活动要有效和有梯度，让学生达到从简单到i+1的进步；知识、技能、情感、策略和文化目标设置合理，并能根据教学实际有所侧重；能具体预设学生将获得的学习效果，可操作性和检测性强；充分了解学生原有知识和能力水平，根据学生水平制定适合的目标。

五、八年级听说课例设计3

设计指导：佛山市教研室 何润青；执教：佛山市实验学校　孙延丽。

（一）设计说明

本课例的教学内容为外研版八年级上册"Module 11 Unit 2 In England, you usually drink tea with milk."，主要是关于如何用情态动词来描述一个国家的生活方式。授课对象为八年级学生，学生具备一定的听说能力，能听懂话题中的大部分内容，但在听力中如何提取有效信息和总结某一知识点的用法等方面还存在一定的问题。本节课的教学目标为掌握听力材料中有关英国生活方式的词汇和句型，引导学生运用听说策略，准确获取视频中的缺失信息，指导学生学会使用情态动词描述一个国家的传统生活方式并学会记笔记等学习策略。总的来说，该课例将策略培养融入各个教学环节中，不断地向学生渗透情态动词的用法和含义，引导学生体验语言，总结用法，让学生在听说体验与总结的过程中不断地巩固所学。

（二）教学步骤设计

Step 1：体验（导入与输入）

活动1：情景假设。教师对生活中的某些情景提出假设，提出问题让同学们用我们平时的生活习惯来回答，从而联想到"中国的生活方式"这一话题。如过生日的时候有人送礼物，我们是立刻打开还是稍后再看；吃饭的时候有什么传统习惯；过春节的时候一些习俗是怎样的等等。从而让师生、生生进行互动，开展口语交流。教授的学习策略主要为认知策略中借助联想在相关知识之间建立联系和调控策略中的积极与教师和同学交流学习。

活动2：看图片猜国家。给同学们展示几组图片并根据图片上对生活方式的英文描述让同学们猜测此生活方式来自哪个国家。教授的主要策略为认知策略中利用图画等非语言信息理解主题。

Step 2：探究（理解与内化）

活动1：听写复述。让学生根据听力内容及已给文本写出缺失信息，再根据自己的理解阐述出英国人在某一特定场景的生活方式。教授的学习策略为应用所学及利用关键词等快速做笔记和学习中集中注意力并善于记要点的认知策略。

活动2：比较归纳。让同学们根据听到的内容，比较已给场景信息Greeting people 及Afternoon tea，小组讨论归纳总结出Traditional food 和 At the bus stop两个场景。教授的学习策略为认知策略中在学习中积极思考和调控策略中与同学合作、交流学习。

Step 3：策略指导（示范与练习）

活动1：用法归纳。教师引导学生听取文中有关情态动词的信息，并通过观察总结归纳出情态动词加动词原形的用法及其表达的禁止、允许、不礼貌等含义。教授的学习策略为认知策略中积极思考、发现并总结听力材料中的语言规律。

活动2：运用与强化。教师引导学生根据归纳出来的语言使用规律并根据语境来大量生成句子，并引导学生从情态动词的含义方面进一步理解语言，以此来强化语言的正确使用。教授的学习策略为认知策略中发现语言的规律并能应用规律，举一反三。

Step 4：自主学习（应用与反思）

活动1：创设情境。让同学们以小组为单位，发挥想象，创建一个新的国家，并使用含有情态动词的句子来对这个国家的生活方式加以描述。教授的学习策略为认知策略中借助想象学习和记忆语言规律，进行语言输出。

活动2：同学评价。听众学生根据授课教师对语言规律的标准讲解和展示要求的示范,对进行展示的同学在语言和内容上进行评价。教授的学习策略为调控策略中的与同学进行学习交流。

活动3:反馈总结。授课教师对学生的成果展示给予相应的反馈,教会学生从不同的方面来对成果进行有效评价,并引导学生总结本节课所学。教授的主要学习策略为调控策略中的自我评价学习效果,总结有效的学习方法。

（三）评析

本节课以"生活方式"为话题,通过对英国生活方式的介绍,引出情态动词的用法并引发同学们对不同国家传统习惯和生活方式的思考。授课教师利用教学策略渗透的手段,教学步骤层层递进,任务层层升级,从而培养学生听取信息、总结语言规律、创设情境和重组语言的能力。在体验阶段,教师通过询问学生在中国的某些生活习惯引出话题,并通过对不同国家特殊生活方式图片的展示和猜测,进一步激发同学们的学习兴趣。在探究阶段,利用听写复述的学习策略培养了学生获取特定信息的能力,同时增强了同学们在听力中做笔记的意识,并对学生们如何做笔记进行了指导。通过比较归纳的学习策略让同学们通过观察总结一步一步引导学生归纳出情态动词的语言规律,为后面的语言生成做了充足的准备。在策略指导阶段,教师通过视频的听填信息进一步引导学生归纳总结出情态动词的含义和使用情景。再让同学们通过反复使用进行语言规律的强化。最后,在自主学习阶段,先是让同学们发挥想象,创设情境,为语言输出做准备。再通过同伴之间的互评,引导学生向同伴学习交流,并养成学会评价他人、同伴互学的习惯。最后,授课教师通过反馈总结,引导学生进行自我评价,总结有效的学习方法。

总之,本节课紧紧围绕"生活方式"这一话题,更是把学习策略中的认知策略和调控策略融入到了各个教学环节中,训练了学生的听取信息、归纳信息的基本技能,学习了有关英国生活方式的基本词汇和句型,并发散思维创设语境,进一步按照总结归纳的语言规律来正确使用语言。在整个授课过程中,授课教师起到引领作用,创设以学生为中心的语言学习环境,带领学生进行环环相扣、层层递进的学习。授课教师运用了同学展示、小组讨论、学生互评等多样的教学手段,融合图片、音频、视频等教学载体,培养了学生记笔记、归纳要点、提取关键信息、进行有效评价等能力,为学生自主学习能力的提升搭建了良好的平台。

六、九年级听说课例设计1

设计指导：佛山市教研室 何润青；执教：佛山市第四中学 张晓丹。

根据中学英语新课程标准要求，初中英语教学目标是培养学生的语言综合能力。《全日制初级中学英语教学大纲》指出："根据初中学生的年龄特点，起始阶段的教学要从听说入手，听说训练的比重要大一些"。听说课作为英语课堂教学的主要课型，对于学生语言运用能力的提高起着至关重要的作用，为英语学习者的终身学习奠定基础。在听说语言技能目标中，强调学生能够听懂相关指令，能够提取关键信息和观点，能就熟悉的话题进行信息交流，能就相关语言材料发表自己的观点等。常用的学习策略有：认知策略、调控策略、交际策略和资源策略等。

（一）设计说明

本课例以外研版九年级上册 "Module 12 Unit 1 If everyone starts to do something, the world will be saved." 为教学内容，授课对象为九年级学生。学生具备较好的听说能力，熟悉环保话题，但对于在听力中如何做note-taking，如何提取有效信息等方面有一定的困难。本节课的教学目标有词汇目标：掌握听力材料中有关环保的词汇和句型；学生能够正确运用这些词汇和句型；还要求学生能够听懂有关环保的日常对话，根据表格准确获取信息；引导学生运用听说策略（如note-taking），提取有效关键信息，完成有关环保问题和解决办法的调查表。通过谈论环保话题，引导学生培养正确的环保意识，增强宣传环保的责任感。总的来说，该课例对学生在听力中做笔记这一技能进行了有针对性的设计，让学生在不同的听读活动中掌握相关的学习策略。

（二）教学步骤设计

Step 1：体验（导入与输出）

活动1：口头汇报。Swain（1985）提出，"可理解的输入"对于语言学习必不可少。教师先引出话题——最近学校空气中弥漫的"臭味"，让学生们思考学校附近有哪些环保问题，然后小组讨论，汇报身边都发现了哪些环境污染。教师在此环节创设语境，为学生做好词汇及句型铺垫。创设真实语境，有利于激发学生兴趣。结合本单元的中心话题，师生、生生进行互动，开展口语交流。教授的学习策略主要为认知策略中的对已知事物进行加工整理的能力。

活动2：看图片讨论。看图片Act1，教师领读方框中的单词，并让学生试着用这些单词描述图片。教师可以通过提问去引导学生用相关词汇回答问题：

（1）What may cause pollution?

（2）Why do many of the factories pollute the air and rivers?

（3）Do you think plastic bottles can be recycled into clothing?

教师引导学生对课文中有关环保的词汇进行学习，创设语境，做好词汇及句型铺垫，体会语言。教授的主要策略为调控策略中的积极与学生交流。

Step 2：探究（理解与内化）

活动1：记笔记。利用听力材料，对学生进行听力策略的指导，边听边做笔记，抓住关键词。如cause pollution，stop the pollution，recycling centre等，记录下有关环保的重要词汇。教师对学生如何做笔记进行学法指导，如可以进行缩写，可以根据词性等关键信息记录等。教授的学习策略主要为认知策略中的复述策略，运用内部语言在大脑中重现学习材料，以便将注意力集中在听力材料中。

活动2：听读复述。利用Act3，把文段分为两部分：一是pollution problems，二是What the students can do，即提出问题和找到解决办法。听力文本的内容是Lingling，Tony，Betty 和Daming四个人在谈论环境污染问题和学生究竟能为环保做些什么。这段语篇涉及到的词汇量和信息量比较大，教师要带着学生梳理环保的问题有哪些，解决问题的方法有哪些。教师提前让学生圈出关键词，再让学生填空。学生能在听的过程中，思考学生究竟能对环保问题做出哪些举措。在听力材料后，对听到的问题和解决办法进行口头汇报。本环节教授的学习策略为认知策略中发现语言规律并能够举一反三。让学生通过听力材料，将新学材料与头脑中已有的知识结合起来，逐渐形成自己的语言。

Step 3：策略指导（示范与练习）

活动1：句型归纳。教师引导学生总结听力文本中用到的有关环保的词组和句型，如It's no use doing sth.，sth.is a danger to sb.，Though pollution is heavy now，I think/I don't think...。教授的学习策略为认知策略中积极思考，发现并总结听力材料中的有用信息。

活动2：头脑风暴，完成调查问卷。教师引导学生发起头脑风暴，利用思维导图让学生列出尽可能多的身边的环保问题，利用课前做的调查分小组进行讨论。通过两两对话采访的方式，完成环保调查表。组织学生用所学的句型重构原语言。教授的学习策略主要包括：组织策略——整合所学的新旧知识之间的内在联系，形成新的知识结构，进行语言输出。

Step 4：自主学习（应用与反思）

活动1：投票与评判。根据学生的调查问卷，找出一个同学们认为最严重的的环保问题——学校附近的空气污染问题。选取三个小组就空气污染问题提出解决办法。其他同学在听取完三组汇报后，进行投票，选出大家认为最可行的解决办法，教师引导学生讲出理由。教授的学习策略为应用所学以及思考和评判能力提高学生思辨能力的过程。

活动2：反思总结。学生根据教师的标准讲解和示范进行同伴互评。教授的主要学习策略为对所学内容进行整理和归纳的认知策略。

（三）评析

本节课主要通过教师的引导，在环环相扣的学习活动中，培养学生捕捉信息，提取特定信息，重组语言的能力。在体验阶段，教师利用学生身边的问题激发学生的学习兴趣，引导学生关注环境污染问题，把学生旧的知识迁移到新的课堂中来。在探究阶段，利用note-taking、思维导图、表格等方式培养了学生获取特定细节信息的能力，培养了学生在听力中做笔记的能力和习惯。教师在此环节对学生如何做笔记进行了指导，如可利用词性等重要信息，也可创造自己的缩写方法记录有用信息。一步一步引导学生归纳出环境污染的原因及解决途径。让学生在听的过程中不断地进行小组与小组、自我与他人、自我与原文的归纳和比较。在策略指导阶段，教师引导学生归纳总结课文中有用的环保用语，并利用课前调查表进行小组汇报，最后由全班同学投票选出大家认为最有效的解决学校附近空气污染问题的办法。在评价阶段，利用同伴之间的互评，引导学生学会评价他人、同伴互学的习惯。

总之，本节课在各个环节都渗透了有关环保的词汇和句型，让学生在思考问题、解决问题中不断地使用到这些词汇和句型。在整个授课过程中，授课教师起到引领作用，创设了以学生为中心的语言学习环境。在教学活动中使用了表格、思维导图、比较、总结等认知策略的指导。培养学生记笔记、归纳要点、提取关键信息的认知策略。通过本节课的学习，学生能够使用目标语言描述环保问题，提出解决办法，学会自我反思。

第二节　阅读教学模式

根据《义务教育英语课程标准（2011年版）》要求，初中英语教学目标是培养学生的语言综合能力。阅读课需要注重学生语篇分析能力，同时注重知识和能力的迁移和运用，注重提升运用英语解决现实中的生活问题的能力，锻炼学生思维的灵活性，引导学生从多个角度思考问题。在阅读课语言技能目标中，学生能理解段落中各句子之间的逻辑关系；能找出文章的主题，理解故事的情节；预测故事情节的发展和可能的结局；能利用词典等工具进行阅读；以及能根据不同的阅读题材运用简单的阅读策略获取信息。《普通高中英语课程标准（2017年版）》提出：指向学生学科核心素养的英语教学应以主题意义为引领，以语篇为依托，整合语言知识、文化知识、语言技能和学习策略等学习内容，创设具有综合性、关联性和实践性的英语学习活动，引导学生采用自主、合作的学习方式，参与主题意义的探究活动，并从中学习语言知识，发展语言技能，汲取文化营养，促进多元思维，塑造良好品格，优化学习策略，提高学习效率，确保语言能力、文化意识、思维品质和学习能力的同步提升。读写课教学模式教学案例是基于新课程标准的要求，立足于语篇理解和分析的基础，指导学生掌握和运用学习策略进行自主学习，提升读写能力和英语综合素养。相关的学习策略是：认知策略，调控策略，情感策略和交际策略等。

一、七年级阅读课例设计1

设计指导：佛山市教研室 何润青；执教：佛山市南海外国语学校 卢静仪、温俊岳。

（一）设计说明

本课例以外研版七年级上册 "Module 9 Unit 2 They're waiting for buses or trains." 为教学内容，授课学生为佛山市南海外国语学校七年级学生。本单元体裁是一个news report；内容是某电视台驻世界各地的记者在同一时间报道世界各地的人正在做什么——主要描述5个城市（伦敦、莫斯科、北京、洛杉矶、纽约）的人们在同一时间分别在做着不同的事情。由于介绍的都是当地正在发生的事情，所以使用的都是现在进行时，这与本模块的话题 "People and places" 十分契合。本课的教学目标是：

1. 语言能力

从阅读中获取细节信息，整合故事的关键信息，理解文章包含的内涵意义，分析文章特有的语言结构。熟练运用现在进行时以及关联的句型结构：In..., it's... o'clock, and sb.is/are doing...，用英语与同伴谈论自己和周围的人们正在做什么事情并且续写一则新闻报告。

2. 思维品质

通过整合文本信息和提炼文章的篇章结构，并结合所学知识和文化背景，学生能够分析不同地区的人们的生活习惯和工作性质，提高其逻辑思维能力和批判性思维能力。

3. 文化品格

通过阅读文本，体验不同的地域文化，感受不同民族的风土人情，理解中西文化的异同，增强跨文化意识。

4. 学习能力

思考文章的内容、写作技巧以及写作语言。将课本中所学的新闻报道技巧和综述能力迁移至上课现场以及任何一个时间段的现场播报中。总的来说，本课主要通过创设具有综合性、关联性和实践性的英语学习活动，引导学生采用自主、合作的学习方式，参与主题意义的探究活动，让学生在活动中逐步掌握相关的学习策略。

（二）教学步骤设计

Step 1：体验（导入与输出）

活动1：词汇预习。学生根据词汇自主学习方法，通过查阅字典、电子词典、网络词典等工具的方法自行学习该课的词汇，查阅词汇的发音和用法、搭配等，并自行制作词汇学习思维导图，对重点词汇进行摘抄。通过词汇初步了解话题。

活动2：话题导入。教师通过设计"12月份学校最佳英语小记者"的评选活动，引入本课的任务。学生分组竞争，最后要根据所给的活动现场，完成一篇英语小记者的现场英文新闻报道写作并进行现场英语新闻播报。根据学生的新闻写作和新闻报道表现，评选出最佳英语小记者。

活动3：读图。教师展示五个地方不同的人在做不同的事情的五张图片。学生通过认真观察，用英语描述图中内容，猜测人们做这些不同事情的时间。

学生通过头脑风暴，激活已有知识，输出并使用已经预习的目标词汇。通过仔细观察，读懂和猜想图片中的时间和事情，训练提升学生"听、说、读、看、写"当中"看"的能力，即学生通过观察获取信息的能力，并打开思维想象，为后面的阅读活动做铺垫。教授的主要是认知策略中的预习策略和集中注意力学习、积极思考、主动探究策略，以及使用工具书资源策略。

Step 2：探究（理解与内化）

活动1：扫读文章。教师让学生快速阅读，圈出所描述的目标城市，配对之前所看的五个图片，找出相应的细节信息进行比对，并使用英语说明图片和信息之间的关系，阐述自己选择答案的理由。

活动2：思考归纳。教师抛出问题：为何在相同时间，不同地区的人们在做不同的事情？从而引出时区的概念知识。学生进行自主讨论，归纳获取时区的信息。

活动3：文化对比思考。教师根据阅读文本抛出三个问题：

1.It's five o'clock in the afternoon. Some are having afternoon tea at home or having a drink in a bar. And what are you doing at this time?

2.In Beijing，it's one o'clock at night，some people are still working and some are going home from work. What kind of people are these？ What are their jobs？

3.Why do people in New York eat hamburgers or hot dogs for lunch？ What do we eat for lunch？ Which is healthier？

让学生小组讨论，自由发表自己的想法，进行思维的碰撞。思考不同地区生活情况和习俗的文化差异，以及不同地区不同职业的人们的工作时间和职业使命，并和自己的情况进行对比讨论，进一步理解文章的文化深层含义。教授的是认知策略，调控策略和交际策略。

Step 3：策略指导（示范与练习）

活动1：文本结构分析。教师让学生回到文本，再一次阅读文本，细心阅读认真思考，进行小组讨论，找出文章段落之间的衔接和特殊的文本特征。过程中教师做适当的引导，引导学生总结文本中涉及的句型，如It's ...，and people in ... are ...。由于本课是一个news report，所以篇章结构非常明晰，衔接句型和用语特别明显。学生通过文章结构的分析为后面的写作提供了很好范例。教授的学习策略是积极思考，发现并总结阅读材料中的有用信息的认知策略。

活动2：写作实践。教师选取Hawaii和Kunlun Station两个地方、两组动图，让学生分小组进行写作，确定小组成员分别的任务，描述两个地方的人们正在做什么。学生针对所给出的四张图片能够用所归纳的句型整合成一个较正确的句子，然后小组内合作完成一篇新闻报道稿件。

教授的是认知策略中善于发现语言规律并能运用规律举一反三的策略，资源策略和交际策略。

Step 4：自主学习（应用与反思）

活动1：新闻导播示范。教师选取Hawaii的动图，由一个小组根据自己的写作稿进行新闻导播示范，其他小组根据新闻导播评价表对该小组的表现进行评价。其他小组根据大家的反馈意见和反思对本小组的新闻报道稿进行修改。然后每个小组在全班同学面前进行口头的新闻报道。

活动2：现场新闻导播。由于本次课例是一次教研活动，因此要求学生写出现场新闻报道稿，然后每个小组推举一名学生进行当场的新闻报道。通过现场播报的场景，使得所学知识新闻报告在真实情景中运用。学生将所学知识进行内化和迁移，能准确的用英语进行现场播报。教授的学习策略主要包括：组织策略——整合已有知识和新知识，提升自身思考和辨别的能力，调控策略中注意了解和反思学习英语中的进步与不足和交际策略。

（三）评析

本模块的任务是做一个广播报道，这个任务形式符合本模块语法项目现在进行时的要求。因此，通过设计一个"小记者评选活动"，为学生提供语言情境，使得语言学习更加生活化，同时提高学生的竞争意识和学习兴趣。通过进行阅读训练，在理解文章的基础上，通过中西方饮食文化及作息时间的对比，引导学生思考两者不同之处，让学生形成自己的想法和观点，提升学生的逻辑性思维与批判性思维，尊重不同职业人们的工作和劳动。引导学生细致剖析文本，查找段落衔接方式，总结归纳语法句型和篇章结构，了解文本写作的结构，为写作输出和现场新闻播报搭建脚手架。通过设置情景进行续写，进行语言的写作实践和语言的输出。通过对教师所设计的情景进行现场播报，进一步提升学生的语言运用能力。

二、八年级阅读课例设计2

设计指导：佛山市教研室 何润青；执教：佛山市南海外国语学校　卢静仪、温俊岳。

（一）设计说明

本课例以外研版八年级下册"Module 3 Unit 2 We have not found life on any other planets yet."为教学内容，是一节科普阅读课，主要介绍太空的基本知识和人类为探索太空所付出的努力，逐渐过渡到太阳系以外的星系。在陈述人类探索太空所取得的成就的同时也提出了困惑：地球之外是否还存在着其他的生命呢？

授课对象为八年级学生，学生具有较好的阅读能力，熟悉太空宇宙等话题。

本课例的设计，通过自助互助与合作的方法，使学生能够达到本课的教学目标：

1. 语言能力

学生能够掌握have/has been.../ there have/has been...的句式；能够听说读写下列单词：none，environment，solar，system，group，universe，light，impossible，communicate；能够简单介绍人类在太空探索领域取得的成就，能够根据图片简单描述图片中有关太空探索的内容；能够运用现在完成时描述人类已经实施的太空探索，正确使用already，yet和just等。

2. 思维品质

能够分析语篇结构，理解语篇内在逻辑，并且能够说出现在太空的情况，以及展望未来太空的情况。

3. 文化品格

旨在培养学生对天文知识的兴趣和对未来事物的探索精神，了解中国的太空探索情况，增强民族自豪感。

4. 学习能力

熟悉科普类文章的内容，对科普类文章能做简单的篇章结构分析，并且能将课文设计的写作技巧迁移到类似文体的写作上，同时对学生写作进行有针对性的策略指导。

（二）教学步骤设计

Step 1：体验（导入与输出）

活动1：头脑风暴。由动画视频中展现的神舟九号和天宫一号的对接入手，了解中国的天宫计划，再由图片头脑风暴出中国自神州五号及其他载人航天飞船发送的时间和宇航员英雄们，从而激起学生的兴趣，增强民族自豪感。

活动2：小组讨论。由Scientists have sent the astronauts to the moon引出问题：Have the astronauts been to the other planets？，Is there life out there in space？Why？。

活动3：任务呈现。教师创设情境，激发学生的学习兴趣：21世纪报英语科普类中学生特刊正在收集一些关于太空的文章，请你以中学生的视角，写一篇以"We have discovered the universe for a long time"为题的文稿，并且开展自评和互评。然后老师通过学生的评价给出写作参考的思维导图，指导学生运用认知策略把相关知识进行融合，以及运用交际策略和他人进行交流。

Step 2：探究（理解与内化）

阅读活动：

活动1：Fast reading 通过第一遍阅读快速感知课文，让学生能够对文章有个粗略的了解，从而抓住文章的中心。

活动2：Careful reading 通过第二遍的细读课文，能够加深学生对太空的了解，增强好奇心。

（1）How long has life been on the earth according to the scientists?

（2）How many planets go around the sun?

（3）How many stars are there in the Galaxy?

（4）Why don't scientists think they will find life on other planets?

活动3：Summary of the passage 学生小组讨论，完成文章大意的填写，对文章内容进行总结和提炼，小组根据文章完成文章情节的表格，根据梗概图简单复述故事内容。

活动4：Deep thinking & Brain storm 借助思维导图，同学们进行讨论：

（1）What is the Universe like?

（2）What have we done on universe researching?

（3）Is there any life on any other planets?

（4）评价环节：以积分为主的形成性评价。

通过设置问题情境，激发学习动机，引导学生进行发散性思考，举一反三。这里指导学生使用认知策略进行阅读，掌握阅读技巧，并通过交际策略和情感策略与同学进行深层次的交流。

Step 3：策略指导（示范与练习）

活动1：句型归纳。教师引导学生总结文本中涉及的句型，如have/has done，there have/has been...，教授的学习策略为认知策略，积极思考，发现并总结阅读材料中的有用信息。

活动2：头脑风暴。在step 1中，同学们积极回想中国航天事业取得的伟大成就，虽然在头脑风暴的过程中，学生用英语表达一些专业词汇存在一定的困难，但是在经教师点播后，能够整合成一个较正确的句子。在Step 2活动4的头脑风暴中，由文本的提示，利用自己已有的知识，同学们构想宇宙的模样，了解科学家们对太空已有的探索，思索外太空是否有生命。教授的学习策略主要包括：组织策略——整合已有知识和新知识，提升自身思考和辨别的能力。

Step 4：自主学习（应用与反思）

活动1：绘制写作思维导图。学生根据归纳的文本结构和所学的知识制作与"We have discovered the universe for a long time"相关的思维导图。同时在思维导图的旁边写上将要用到的词汇库和句型库。

活动2：写作。学生根据所绘制的思维导图，进行文稿的撰写，将所学知识正面迁移到文段中，并且尝试用长难句写出独特的观点。

活动3：互评作文。学生以小组为单位，对组内成员的作文进行赏析和修改。并且总结归纳出最好的思维导图、最佳的写作结构和最出彩的观点。

活动4：自改作文。学生以个人为单位，根据活动4的结果，对自己的文章做一次修改。

这里学生运用调控策略反思和评价自己和他人的文章，进一步促进交流学习，提升个人能力和素质。

（三）评析

本课例将教学步骤分为四步：体验—探究—策略指导—自主学习。在体验阶段，教师直接将视频内容与教学内容相连接，在视频播放后在进行中国航空知识的拓展，激发学生的阅读兴趣，增强民族自豪感。

在探究阶段，既包含本节课的输入环节，也包含输出环节。在输入环节，引导学生通过快速阅读、细读，辅以自主阅读、合作阅读和头脑风暴，初步了解本文涉及的关于宇宙的知识。在输出环节，也是学生对所学知识的迁移和创新，并借助思维导图引导学生进行拓展性思考。

总的来说，本课例以创设投稿情境为主线，以分析文章结构，理解文章逻辑，学习文章语言为重要步骤，并辅以思维导图帮助学生进行思维发散和观点总结，同时在自主合作的学习模式下，能够将所学知识正面迁移到输出环节。

三、九年级阅读课例设计3

设计指导：佛山市教研室 何润青；执教：佛山市南海外国语学校 卢静仪、温俊岳。

（一）设计说明

本课例以外研版九年级上册 "Module 7 Unit 2 It is still read and loved." 为教学内容。本模块的话题是围绕名人、名著展开的。本单元是一篇关于《汤姆·索亚历险记》的书评，整篇文章结构清晰。它介绍了这部小说的创作背景、故事的主人公、故事最精彩的部分以及这本书对人们的影响。授课对象为九年级学生，学生具备较好的英语听说读看写能力，英语水平比较好。大部分学生喜欢阅读看报，养成良好的阅读习惯。但是对于如何用英语写书评还比较陌生，特别是英语书评的结构以及如何更清晰地介绍自己所读的书籍，更是知之甚少。需要在阅读本文后，进行文本篇章结构的分析，才能清晰地了解如何写书评。本节课的教学目标是当学生学完本课后：

1. 语言能力

从阅读文本中获取细节信息，整合故事的关键信息，可以使用目标词汇总结复述故事的主要内容，发表自己对故事的见解。可以写一篇英语短书评，介绍和评价自己喜欢的文学作品。

2. 思维品质

结合整合文本信息和分析书评特有的篇章结构，谈论自己喜欢的书籍，能表达对某部作品的看法并与同学展开讨论。

3. 文化品格

通过文本学习，加深对中国传统文化的了解，加强对西方著名作品的了解。

4. 学习能力

思考故事的内容、写作技巧以及写作语言。将书评的写作技巧迁移到描述自己喜欢的文学作品上。总的来说，该课例旨在指导学生加强阅读技巧的训练，分析书评篇章结构，对学生写书评进行针对性的策略指导。

（二）教学步骤设计

Step 1：体验（导入与输出）

活动1：小组讨论。教师抛出话题让学生两人讨论对中外3位作家的看法。所选择分别是当前学生熟知的3位作家和他们的作品，使得学生有共同的话题，可以根据已知知识就自己的理解和观点发表自己的建议或感受。借此激活学生在Unit 1所学的知识储备，包括对名人和名著的观点，以及使用被动语态等句型表达自己的观点。并通过同伴间的对话，激发学生表达的欲望和学习的兴趣，更好地为导入本课的主题做好铺垫。

Pair work：Agree or Disagree? Give your reasons about their works, influence and popularity（受欢迎度）...

1.Xiao Si is popular with most young people in China.

2.*Harry Potter* by J.K.Rowling is loved by many people.

3.Lu Xun is a great writer who are still remembered.

Making a dialogue：

A：I think/suppose Mark Twain is a humorist who created a lot of popular novels.// ...

B：I agree / I don't agree...

I suppose so.I accept that...

I suppose that...

活动2：任务呈现，激发学习兴趣。教师创设写作情景：*The School Monthly English Newspaper* is collecting good English book reviews.以学校英语月报收集英语书评竞赛作为阅读任务的主线，激发学生阅读的兴趣，让学生主动进行学习探究。并追问学生：How to write a book review? What does a book review include? 学生通过思考和思维的碰撞，对书评有一个初步的认识。然后老师通过学生的讨论给出书评的思维导图。这里指导学生运用认知策略把相关知识进行融合，以及运用交际策略和他人进行交流。

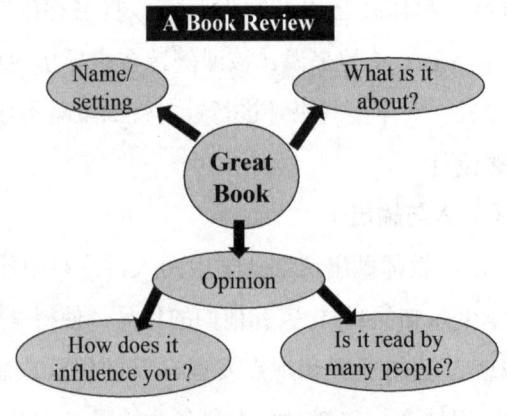

图9-2-1 如何撰写书评（思维导图）

Step 2：探究（理解与内化）

阅读活动：

活动1：Scanning. 学生通过扫读，快速找出每个段落的中心思想，配对段落大意。这里通过阅读扫读技巧的运用，概括主旨并梳理主要事实性信息，了解文章的大意，并归纳每个段落大意，初步了解文章的结构。

活动2：Detail Reading. 学生通过细节阅读技巧，填写文章信息的表格，熟知文章细节，进一步提升细节阅读能力。

表9-2-1　阅读关键信息提取表

	The Adventures of Tom Sawyer
Writer	
Place where the story is set	
Main characters	
Stories the book tells	
Theme	
Features	

活动3：Summary of the passage. 学生小组讨论，完成文章大意的填写，对文章内容进行总结和提炼，小组完成故事情节梗概图，根据梗概图简单复述故事内容。

活动4：Deep thinking. 教师抛出问题，让学生阅读文章后对文章的内容进行更深一步的思考，并在组内与同学进行交流和讨论。

1.After reading the book review，do you like the story？ Why or why not？

2.Do you agree with the writer's opinion about the story—Is it one of the greatest American stories？

教师通过设置问题情境，激发学习动机，引导学生在问题导向作用下，进行自主、合作和探究的学习方式，完成语言学习信息整合和交流表达的过程。这里指导学生使用认知策略进行阅读，掌握阅读技巧，并通过交际策略和情感策略与同学进行深层次的交流。

Step 3：策略指导（示范与练习）

活动1：篇章结构归纳。学生在教师指导下进一步分析文本的篇章结构，如何写书评，采用书评的哪些部分才能清晰地介绍自己喜欢的书目。

A good book review needs：

1. Background information：book's name，writer's name，place where the story is set...

2. Stories a book tells：stories clue，favourite part，theme，features...

3. Your opinion：popularity...

活动2：重点句型结构的分析和提炼。学生在教师引导下分析书评中常用的描述作者和书目背景的句型结构：It is written by...；It's set in...等。总结归纳描述故事所使用的时态和语态，以及过程中描述的衔接语句。讨论和思考对书目的评论常用句型：It is a truly great book! It is thought to be...；It is considered as....；In my opinion，I think / believe / agree / accept...等。明晰书评的写作思路、写作结构和写作程序，加强学生逻辑思维能力。

A book review：

1. Background information：

...is written by...；...is set in....

2. Stories a book tells：

（1）5 "W" —what，when，where，why，how；

（2）*adj.adv.conj.*

3. Your opinion：

 I think/ suppose/ agree...popular/great/real.../ In my opinion...

 ...is thought to be...；is considered as...；is thought as...

 ...is read by..../ is still loved by...

Step 4：自主学习（应用与反思）

活动1：写作。学生根据归纳的书评结构写出自己喜欢的书目的介绍，进行知识结构的迁移和能力的提升，进一步把所学知识和阅读积累相融合，用英语表达出来。

活动2：互评作文。学生以四人小组为单位，相互评价和修改组员的作品。小组组员之间的交流、互价和思考使得学生的所学知识被进一步内化和吸收，选出组内最优秀的作品。

活动3:书评分享。每一个小组推选一位学生在全班同学面前分享自己的英语书评,与同学交流,询问同学对自己书评的评价,交流所读书目的感受。最后将选出最佳书评交给学校英语月报社刊登出版。

这里学生运用调控策略反思和评价自己和他人的书评,进一步促进交流学习和个人能力和素质的提升发展。

(三)评析

本节课主要通过在教师指导下,开展读前、读中、读后的相关联的一系列读写学习活动,以Great books为主线,从阅读到写作篇章的输出,经过对阅读技巧的训练,对文章大意的提炼,对文章内容的剖析和思考以及对篇章结构的分析和总结,最后语言的产出是一篇完整的英语书评。学生在学习过程中参与体验,主动探究,应用和反思,和同学合作学习,交流对书目的了解,进行书评的自我评价和互评,分享书评学习成果,相互促进和提升。本文通过如何写书评的思维导图贯穿课堂,使得学生印象深刻,主题突出。教师在过程中指导学生运用认知策略、调控策略、交际策略等使得学生学习策略得到进一步的提升和发展,逐步在读写课中形成自主学习能力,为课后自主阅读和写作,提升综合语言能力奠定坚实的基础。

阅读课的教学,着重引导学生在阅读过程中重视语篇分析。语篇分析包括句子的衔接关系,句子的连贯性,句际的关系和章节的结构分析。语篇分析在学生学习英语篇章中有至关重要的作用。由于语篇分析主要把阅读的重心放在语言的联系上,因此,如果教师能够在教学过程中更加侧重语篇分析,学生将能在以后的阅读中逐渐学会自主分析篇章结构,理解作者写作意图,提升阅读速度,准确把握文章的中心思想,分析文章段落之间的联系,以及提升自身的阅读兴趣。总而言之,英语阅读课的教学设计应该引导学生把语篇作为一个整体来考虑,并引导学生最大量地获取和掌握文章所传递的信息。

形成性评价具有培养学生英语语言能力、学习能力、思维品质和文化品格四种学科素养的效力。在本单元的教学中,教师运用gif动画、看图说话、表格归纳以及信息汇报等活动帮助学生进一步巩固现在进行时的运用,以提高学生的语言能力和学习能力。在活动的过程中,教师的评价体系以形成性评价为主,辅以分组活动和竞争模式,对学生优秀的一面进行及时的表扬和鼓励。

受表扬的学生能够更积极主动地参与到教学活动中，同时能够感染到周围的同学，由点到线，由线到面，从而使得学生能在轻松的学习环境下合作与竞争，也使得英语学习更能调动学生的学习积极性，更有意义。

第三节　写作教学模式

《英语课程标准（2011年版）》的总体目标是培养学生的综合语言运用能力，其中包括语言知识和学习策略的培养。词汇法主张，语言学习与交流的最基本构件应该是单词或单词组合，而不是语法、功能、意念或者其他单位。因此，词汇学习与词汇策略的学习是学生接触英语的主要渠道。提升学生自主学习词汇的能力，通过提升词汇学习策略来表现。读写技能强调，能从简单的文章中找出有关信息，理解大意；能根据上下文猜测生词的意思；能读理解并解释图表提供的信息。常用的学习策略有认知策略、调控策略、交际策略以及资源策略。

一、八年级写作课例设计1

设计指导：佛山市教研室 何润青；执教：佛山市南海外国语学校　陈思华　张倩倩。

（一）设计说明

本课例选自澳门教材，Aristo出版社Aristo First 2A Unit 4 "Festival Fun" 中的Text 1 Korea为教学内容，授课对象为八年级学生，学生具备较好的读写能力，熟悉不同国家文化节日话题，对过去时有一定程度的了解。学生词汇量较丰富，对教师的指令理解能力较强。但对深挖文章文化意识没有进行深度思考或考证，在对文本的读后反思方面还有所欠缺。该课例的教学目标为培养学生基于阅读的自主学习词汇能力为目标，指导使用图片、进行猜测、推测词义、借助表格理解文章细节等学习策略。

（二）教学步骤设计

Step 1：体验（引入与输入）

（1）引入活动1：授课教师展示一组真实的风景图片以及个人婚纱照，在引导学生猜测图片中的地点并让学生初步体验关系从句的同时，引出关于Korea韩国的内容：One year ago, I met my husband in Macau, which is a lucky place for me/We celebrate our first Valentine's Day in Korea, which is a romantic country. 做好词汇及句型铺垫，体会语言。教授的策略为认知策略中善于利用图画等非语言信息理解本课主题。

引入活动2：组织学生以小组为单位展开讨论以下4个问题：

① When is Valentine's Day?

② Have you celebrated Valentine's Day?

③ Have you received or given any gifts?

④ What gifts would you want for Valentine's Day?

教师引导学生使用元认知策略，创设语境，刺激学生结合生活中已有体验和知识，激发学生阅读文章的兴趣。教授的主要策略为认知策略中对所学内容进行整理和加工归纳的能力以及调控策略中的积极与学生交流。

（2）输入活动：组织学生阅读文章内容，理解大意，并在过程中指导学生关注两个问题：①Do Koreans celebrate Valentine's Day only on Feb. 14th? ②How many festivals did Jack experience in Korea? 关注文章内容与已知知识是否有区分，并大致归纳出主人公Jack在韩国共经历节日的数量。

Step 2：探究（理解与内化）

（1）理解活动1：教师要求学生填写表格，检测学生对所读文章的理解程度。表格主要对文章结构进行梳理，表格中的左栏目包括韩国的节日名称（Festivals in Korea），庆祝的时间（When to celebrate），如何庆祝（How to celebrate），庆祝时的礼物或食物（What to give/eat），要求学生在右侧栏中填出对应的细节，主要列出一些关键词（名词、动词等）。例如，在韩国的节日对应的右栏中，应填写：Valentine's Day, Feb. 14th, girls give sth. to male friends, chocolate gifts.学生各自完成，再小组内部核对答案，找出差异，可对答案作出适当调整。教师最后呈现参考答案。

（2）内化活动：组织学生根据上一环节使用的表格进行文章内容的复述。在总结每一个节日表格的内容时，都使用相同的句式进行操练，如下：

Koreans celebrate Valentine's Day, which is a day for girls to show love to their male friends.

Young Koreans celebrate White Day, which is a day for boys to do something for their female friends in return.

Single people in Korea celebrate Black Day, which is a day for them to have fun together.

教师对学生表达的内容大意度、语言的正确性和流利行进行评价。

其中，文中提到"celebrate White Day"时，出现新单词"reciprocate"，同时也有出现关于该词的补充说明，即"boys to do something for their female friends in return".教师引导学生在文中圈出reciprocate，并联系上下文给出的信息，推测归纳出其含义。教授策略为通过表格整理文段主干信息，通过借助关键词转述信息，培养归纳和归类能力，从而提高学生自主理解词汇、分析阅读文本的能力。

Step 3：策略指导（示范与练习）

（1）示范活动：教师根据上一环节的表格内容，提问在文中介绍的另外两个节日中"White Day"和"Black Day"，选出一个你最喜欢的节日。当学生回答完毕后，再设问：Why is it called White Day? Why is it called Black Day? 学生会根据个人的生活体验和知识进行回答，由于答案来源于学生的元认知，能够激发学生学习的热情和兴趣。当学生回答有难度时，教师可以再呈现出图片以及"key word"进行提示。教授策略为对所学内容进行整理和归纳的认知策略。

（2）练习活动：组织学生阅读另一篇题为"Diary Day"的介绍韩国节日的文章，然后同样根据表格内容，归纳出文章的结构和细节，包括韩国的节日名称（Festivals in Korea），庆祝的时间（When to celebrate），如何庆祝（How to celebrate），庆祝时的礼物或食物（What to give/eat）。并且操练相同的句型结构，即"Koreans celebrate Diary Day, which is..."本阶段主要指导的策略包括：使用表格厘清阅读思路、组织策略、新旧知识之间的内在联系，形成新的知识结构，进行语言输出。善于发现语言的规律并且举一反三。

Step 4：自主学习（应用与反思）

（1）应用：教师给出12个月份对应的韩国节日，让学生选取其中一个最喜欢/最不喜欢的节日，在网上进行搜寻介绍该节日的内容。并根据表格内容进行归纳，包括韩国的节日名称（Festivals in Korea），庆祝的时间（When to celebrate），如何庆祝（How to celebrate），庆祝时的礼物或食物（What to give/eat）。然后在小组内进行汇报，由小组成员进行评价。此阶段主要教授了资源策略中通过音像资料丰富学生的学习以及能够引导学生利用网络上的学习资源。

（2）反思：教师组织学生对本节课学习内容进行总结，学生小组内讨论个人收获，如何更好地利用表格，对所读文章进行结构和内容的分析，并且有效推测词义，掌握新词汇，以及待努力的方向。此外，通过表格对比不同节日的细节，引导学生理解中外文化的异同，提升文化意识。教授的主要学习策略为通过学生的应用实践，提高学生自我反思意识，懂得反思的方法，从而改进自主管理学习的能力。

（三）评析

本节课主要参考了Macro（2011年）提出的关于学习策略培训的程序，包括激发意识、制定策略、示范使用、整合策略、使用策略、自我评价、自主运用、他人评价和调控奖励，以及对初中英语课堂的学习策略指导的要求，总结了课堂活动的主要模式。通过教师的引导，在环环相扣的学习活动中，培养学生捕捉信息，提取特定信息，重组语言的能力。在体验阶段，教师利用自身的生活和学生熟悉的话题照片引入，拉近与学生的距离，提升学习兴趣，引导学生关注外国节日文化的话题，迁移学生旧的知识到新的课堂中来。在探究阶段，利用表格的方式培养了学生获取特定细节信息的能力，培养学生在阅读中提取关键信息以及解码生词词汇的能力。教师在此环节对学生如何获取信息进行指导，一步一步引导学生归纳出了解节日文化介绍文章的内容结构。让学生在不断阅读的过程中不断地进行小组与小组、自我与他人、自我与原文的归纳和比较。在策略指导阶段，教师引导学生归纳总结课文中有用的介绍节日的词汇，并利用网络进行相关话题的延伸阅读，在丰富节日文化知识的同时，也反复操练了如何运用表格获取文章关键词信息，以及如何利用上下文的信息推测生词词义，从而提升自主学习词汇的能力。在评价阶段，同伴互评，引导学生养成客观评价他人与同伴互学的习惯。

总之，本节课在各个环节都渗透了有关节日介绍的词汇和句型，让学生在思考问题、解决问题中不断地使用这些词汇和句型。在整个授课过程中，授课教师起到引领者作用，创设以学生为中心的语言学习环境。在教学活动中使用了表格、比较、总结等认知策略的指导。培养学生记笔记、归纳要点、提取关键信息的认知策略。通过本节课的学习，学生能够使用目标语言介绍节日文化，理解和尊重不同国家之间的文化差异，从而提升对中华民族优秀文化的热爱和认同。

二、八年级写作课例设计2

设计指导：佛山市教研室 何润青；执教：佛山市南海外国语学校 陈思华 张倩倩。

（一）设计说明

本课例为2017年南海外国语学校骨干教师示范课。本课例以外研版八年级上册"Module 4 Unit 2 What is the best way to travel？"为教学内容，授课学生为南海外国语学校八年级学生。本单元以"ways of travelling"为话题主线，通过对各种类型的交通工具进行各方面的对比来选择最佳的出行方式。

本单元的教学内容主要有以下几部分：话题与交通工具词汇的导入、阅读理解与形容词和副词最高级输入、形容词与副词最高级输出任务。

本单元话题的主要功能为出行方式，任务输出是选择最佳的出行方式，运用到形容词和副词的最高级进行对比事物，并涉及对旅行方式和交通工具的讨论。基于教学材料的分析，本课的教学目标如下：在本节课结束之时，需达到：

1. 语言能力

全体学生能够描述常用的交通工具，90%学生能够读懂有关旅游和交通工具的文章；80%学生能够使用形容词、副词最高级形式对几种交通工具进行对比。

2. 学习能力

60%学生能够注意形容词、副词最高级形式的使用规律，并能运用规律举一反三。

3. 文化意识

全体学生能够了解英语国家有关旅游和交通等方面的信息，并与自己的生活联系起来，拓展视野，激发学习英语的兴趣。通过学习不同时代交通方式的发展、新时代交通便利和快捷给人们出行带来的方便，以及中国交通方式如高铁在世界的领先地位来提升学生们的生活幸福感。

4. 思维品质

全体学生能够运用辩证的思维方式分析交通工具的选择，并能以同样的思维方式去看待和解决生活中的其他事情。

（二）教学步骤设计

Step 1：体验（导入与输出）

活动1：感知各类型交通工具的图片。随着时代的进步和科技的发展，交通工具已不仅限于传统形式。初中阶段的孩子想象力丰富，对于新奇事物充满极强的好奇心，同时接受和认识新事物的能力强。上课前，教师使用ppt滚动播放各种新型的交通工具的图片，让学生对不同的交通方式进行回顾，并说出展示中最喜欢的交通方式和喜欢的原因。教师利用这些交通工具的图片，首先引起学生对本节课内容产生极大的兴趣，并且激活本节课的话题。同时，观看这些图片也可以激活学生已有的关于交通工具的词汇，输入一些新型交通工具的概念，通过可视化的图片更好地展示和类比多种交通工具，便于学生理解词汇，为课中活动的开展做好铺垫。教授的学习策略主要为认知策略中的对已知事物进行加工整理的能力。

活动2：出行方式对比。教师带领学生进行头脑风暴：基于课前已经展示了各种各样的交通工具图片，激发同学们讨论出行方式的兴趣。让同学们以小组为单位，分别限时1分钟，用思维导图的形式，分类讨论人们在过去和现在的出行方式，大胆想象人们将来的出行方式。教师通过此方法帮助学生回顾及激发学生已学交通工具的词汇。对于学生不一定能准确说出的交通工具，教师则引导学生通过描述交通工具的体积（Is it big or small？），运作的方式（on road or in the sea？）等进行已知词汇的回顾。并初步呈现"We usually go travel by ..."并通过老师的引导和追问，让学生对不同交通工具的利与弊进行分析和类比，用英语说出他们的选择和喜欢某种交通工具的原因。教授的主要策略为调控策略中的积极与学生交流。

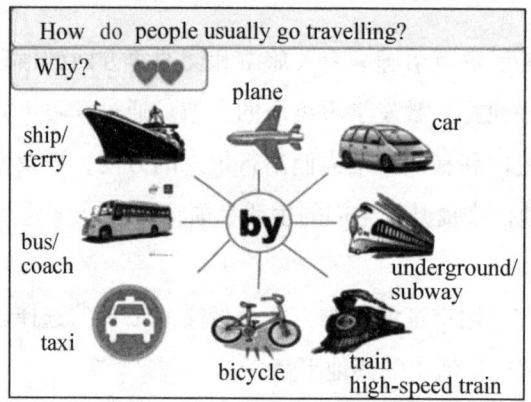

图9-3-1　同学们讨论人们现在的出行方式

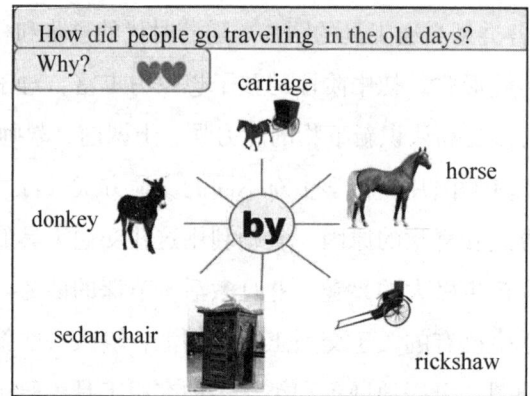

图9-3-2　同学们讨论，人们过去的出行方式

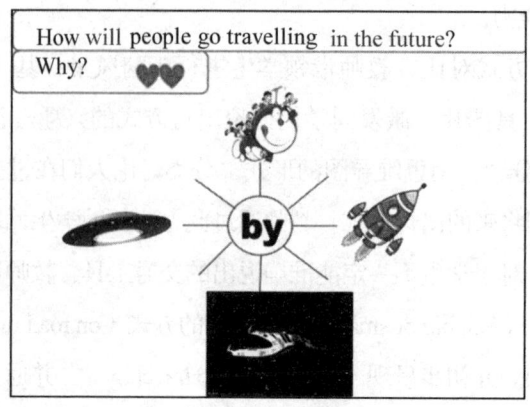

图9-3-3　同学们讨论人们将来的出行方式

Step 2：探究（理解与内化）

活动1：词汇活动1。教师呈现自己国庆出游三亚前，面临交通方式的选择，让学生讨论并说出利弊。激发学生以辩证的思维方式说出文中"train，car，ship，coach and plane"五种交通工具的利弊。在认清和熟悉各种交通工具的基础上，使用已学词汇如：cheap，expensive，more expensive，the most/least expensive等课本目标词汇，说出交通工具在不同情况下的利弊，并通过教师的追问和引导扩充词汇如：shared bike，bullet train，public transport，transport system，convenient，save time/money 等。教授的策略为认知策略中对已学知识进行加工整理、归纳的过程。

活动2：词汇活动2。教师让学生进行泛读。以学生Mike从伦敦到阿姆斯特丹的旅行安排为主线，帮助Mike选择最好的出行方式，以表格形式从文中摘抄出关键词。由于教师在词汇活动1中已经用了贴合学生生活实际的国庆假期出游为语境，引导学生讨论并帮助教师选择出游方式。在进行词汇活动2—书本的阅读活动中，学生对文本的大意会比较容易理解。能够快速定位出描述各种交通工具的利弊的词语、词组和句型。此阶段教授的策略为善于利用图画、表格等非语言信息理解主题。

While reading	Read and complete the table. ♥	
Ways of travelling	**Good points**	**Bad points**
Train	more relaxing than by coach	more expensive than by coach
Car and ship	the most comfortable way to travel	the most expensive way to travel
Coach	the cheapest	crowded in summer and taking a long time
Plane	fastest and not very expensive	may have to wait for hours at the airport because of bad weather

图9-3-4 课文中呈现不同交通工具方式的利弊对比

Step 3：策略指导（示范与练习）

活动1：教师组织学生再次回到话题人物：我的一个朋友Tony马上要来南海

外国语学校进行参观。他正在选择从白云机场到学校的交通工具，请根据表格内容讨论并且选择出最合理的方式，以回信的方式写出来。引导学生利用所学的知识谈论贴近学校生活的话题。让学生用英语解决生活实际问题，使学生在学习英语中生成解决问题的能力。并通过阅读课积累相关的词汇，进行语篇的输出。

After reading Work in pairs

My foreign friend Tony is coming. He is wondering how to get to NFLS from Baiyun Airport.
Discuss in pairs: What is the best way?

	Ways of travelling	Cost	Time	Comfortable	Easy
Baiyun Airport — NFLS	coach	¥80	2 hours	**	*
	taxi	¥200	1.5 hours	***	***
	underground	¥30	1.3 hours	*	**

图9-3-5　学生实践运用内容表格

活动2：教师组织学生进行写作实践。A学生负责根据上一环节与同学交谈的内容，以写作输出的形式给Tony建议。B学生负责修改语法、监控是否用到本节课所学词汇等，然后在班上进行朗读，分工合作。此阶段主要教授的策略为认知策略中的积极参与和使用英语时，能意识到错误并进行适当纠正。从而也体现了调控策略中的积极与老师和同学交流学习体会。

Step 4：自主学习（应用与反思）

活动1：教师组织学生谈论一个家庭出行计划并且与同学们分享。引导学生关注时下新科技对生活选择产生的影响和促成的改变。激发学生为中华之崛起而读书的信心，同时在了解到ofo和中国高铁等新型出行方式时，提升其中国文化自信。学生自己先分享，再投票选出小组内分享最好的同学。教师从内容、语言流利度等方面进行评价。教授的策略为学习策略中的调控策略，经常与老师和同学交流学习体会，从而把握学习内容的重点和难点。

活动2：反思总结。学生根据教师、同伴的标准讲解和示范，反思在英语学习中的不足与可提升的方面。教授的主要学习策略为调控策略中提升自身思考和辨别的能力，注意了解自己英语学习中的进步与不足。

（三）评析

本课的教学过程分为课前、课中以及课后，教学过程如下：

教师抛出任务：我的外国朋友将要从英国来看我，从白云机场到南海外国语学校选择什么方式到达最便捷？请学生给他提出适当的建议。先进行相关的交通方式的学习，然后给Tony建议。

任务情景：最近外教朋友Tony将要从英国来到中国。因为第一次来，所以他不知道如何从白云机场到南海外国语学校。虽然有很多种的方式可以选择，但是他仍然很苦恼，因为不知道最好的方式是哪一种。从价格、时间和舒适程度，分析对比可选的3种交通方式。针对Tony的情况，给出选择交通方式的建议。

通过本课例，我们可以发现基于阅读的词汇教学模式，可以通过各种思维导图，用头脑风暴的方式激发和引导学生对话题的思考和兴趣，刺激他们回顾所学的单词。另外，也可以通过列表对比的方式、辩证的方式思考问题和分析问题的利与弊。最后通过语言的输出解决问题和提出建议。我们还发现，学生在口头表达时，当不知道具体事物如何表达时，教师可以通过简单句的描述引导学生尽可能多地用英语表达个人思想，再教授新单词会显得更加水到渠成。

三、七年级写作课例设计3

设计指导：佛山市教研室 何润青；执教：佛山市南海外国语学校　陈思华张倩倩。

（一）设计说明

本课例以外研版七年级上册 "Module 4 Unit 2 Is your food and drink healthy？" 为教学内容，授课对象为南海外国语学校七年级学生，学生具备一定量的词汇基础，熟悉食物和饮料的话题，但是就健康与不健康的事物发表自己的看法还有一定的困难。本单元以谈论学生最喜欢的食物和健康的食物来导入课文，为课文学习做了内容上的铺垫。本节课的教学目标：

1. 语言能力

从阅读文本中获取健康与不健康食物信息，拓展有关食物与饮料的词汇，能写出有关健康食物的短句，掌握 "but" 的连词功能。能够阅读并且讨论自己最喜欢的食物和健康的食物。

2.思维品质

通过阅读文本提炼目标信息和划分文本结构框架，提高逻辑思维能力。

3.文化品格

通过对比中西方的饮食习惯，让学生进一步了解中西方饮食文化的差异。

4.学习能力

通过对健康和不健康食物的分类，培养学生分类学习词汇的学习策略。

（二）教学步骤设计

Step 1：体验（导入与输出）

活动1：话题导入。教师通过两个问题引入课程话题，同时以思维导图和图片的形式呈现词汇，激发学生对于词汇进行分析学习和记忆的意识。教授的学习策略主要为认知策略中对已知知识加以整理的能力和善于利用图画等非言语信息理解主题。教师的问题：

1. What do you eat and drink at school?

2. What do you eat and drink at home?

活动2：讨论。教师提出问题"What is your favourite food and drink？"同时让学生解释原因。学生试着用不同的形容词描述自己喜欢的"food and drink"，并对健康与不健康的食品有了初步的了解。

活动3：健康食物引入。教师邀请若干学生个别描述盒子里的食物，让其他学生猜出食物的名字。激发学生运用已有的与食物相关的语言知识，同时调动学生的学习兴趣。

通过以上三个活动，不断地巩固学生已有的词汇量和语言知识基础，并且引导学生积极地运用英语语言进行表达和沟通，对文本的阅读理解做好铺垫。教授的主要策略为调控策略中的积极与老师和同学交流。

Step 2：探究（理解与内化）

活动1：扫读文本。教师让学生快速阅读文本，分析文本的题材，同时提醒学生文本标题的重要性。

活动2：思考归纳。教师要求学生仔细阅读文章第一、二两段，归纳每一段的段落大意。这两段分别描述了不健康的饮食和健康的饮食，每一段都有关键词提示，学生完成这个活动相对容易。接下来，教师要求学生使用不同的符号在这两段中将健康和不健康的食品标记出来，并且要求学生使用"but"对于不同食品进行对比。

学生通过阅读文本提取目标词汇，同时对目标词汇进行分类对比。教授的学习策略为认知策略和调控策略。

Step 3：策略指导（示范与练习）

活动1：文本分析。教师要求学生阅读Hanna写的一封信，在信中Hanna描述了自己最近的身体状况和饮食习惯，学生要根据Hanna描述的饮食习惯中的问题有针对性地提出建议。

活动2：小组合作，完成健康食谱。教师引导学生为Hanna制定健康的一周食谱。完成这个活动对于学生的词汇量要求比较大，所以教师在学生活动前会给学生拓展新的食品表达，比如：fried eggs with tomatoes。学生通过小组合作，结合上一个活动中提出的建议，为Hanna制定一周食谱。

活动3：文化对比。教师通过图片展示中西方在饮食上的差异，并要求学生使用"but"来讨论他们所了解的差异表现在哪些方面。

教授的学习策略为认知策略中善于发现语言规律并能运用规律举一反三的策略和交际策略。

Step 4：自主学习（应用与反思）

活动：完善食谱。由于Hanna是一名美国人，所以学生需要考虑中西方的饮食文化差异，根据美国人的饮食习惯对制定的食谱进行改善。各小组分别汇报各组制定的食谱，汇报结束后，全班投票选出大家认为最合适的食谱，并给出理由。

教授的学习策略为应用所学以及思考和评判能力提高学生思辨能力的过程。

（三）评析

本节课主要在教师的引导下，围绕"food and drink"的话题，通过文本阅读学习有关食品的词汇和短句，学习连词"but"的使用功能。运用思维导图和非文字信息学习和分类食品词汇，并将这种分类学习词汇的方法迁移到所有词汇学习中，扩大词汇量，同时了解中西方饮食文化差异，最后运用所学的有关食品的词汇和短句解决生活中所遇到的问题。教师在整个教学过程中引导学生运用认知策略、调控策略和交际策略，使自己的语言学习能力和策略学习能力得到进一步的提升。

　　词汇量的积累直接影响学生的阅读理解能力。要扩大学生的词汇量，教师应引导学生关注生活中可应用英语的渠道，以学生"能用英语做事情"的标准去衡量。其次，在教授词汇时，创设语境，贴近学生生活经验和经历，能够激发学生的学习兴趣和学习热情。只有调动发挥了学生学习的积极性，才能提升学生学习的质量和效果。

　　处于义务教育阶段的学生，具备一定的学习能力和自学能力。但是即使是英语能力相当的学生，他们的学习能力和优势也会体现在不同方面，所以教师应根据学生的能力差异，加强对学生进行学习策略指导。如有的学生对文字记忆敏感，则可通过单词语义相近或相反的教法或通过引导学生阅读文章句子，学会推断词义；有的学生对于图像记忆比较敏感，则可以通过思维导图、表格、联想记忆法（联想实物、经历）等进行教授词汇；有的学生对于语音敏感，则可通过"语音串记"的方式进行学习，如利用押韵、节奏感和音节上的相似等。总之，对于基于阅读中的词汇教学模式，除了运用到认知策略、调控策略、交际策略和资源策略外，还需要关注学生的学情和实际，对各种策略加以结合配合完成，才能达到更好的教学效果。

第四节　语法教学模式

　　语法是语言的骨架，是语言交际能力的重要部分。语法学习可以挖掘学生无限的语言创造潜能（S.Thornbury，2003）[①]。义务教育《英语课程标准（2011

---

① S Thornbury. Teach grammar［M］.北京：世界知识出版社，2003.

年）》[1]提出：英语课程提倡采用既强调语言学习过程又有利于提高学生学习成效的语言教学途径和方法，尽可能多地为学生创造在真实语境中运用语言的机会。鼓励学生在教师的指导下，通过体验、实践、参与、探究和合作等方式，发现语言规律，逐步掌握语言知识和技能。因此在这个过程中，学生是语法规则的发现者，是自己主导发现过程的掌控者，而教师则是通过培养学生一系列的学习策略，使其最终达到自主学习语法规则，并能在语境中运用语法规则的效果。

一、八年级语法课例设计1

设计指导：佛山市教研室 何润青；执教：佛山市三水区西南中学 胡英尧。

（一）设计说明

本节课的教学内容是外研版《英语》（新标准）八年级上册语法综合运用课之过去进行时与一般过去时的区别，授课对象是初二的学生。学生通过第七模块和第八模块的学习，感知了过去进行时的表达方式和在实际交流中的应用。这节课的目标是在情景中巩固过去进行时的结构、意义和用法，理解和掌握过去进行时与一般过去时的区别。通过开展多种综合应用的活动，让学生在自主探究中总结规律，教师在各个环节中进行策略指导，旨在培养学生学会运用归纳语法规律、迁移知识技能的策略，提升自主学习的能力。

（二）教学步骤设计

Step 1：体验（导入与输入）

活动1：导入。上课伊始，教师以讲故事的形式，介绍本节课的任务和任务的背景：Today we are going to be a detective to help Anna find out who ate the cake.Anna bought a cake for breakfast in the afternoon.She put it in the kitchen.And then she had a walk in the park.But when she got home，she found someone ate the cake.Who ate the cake? There were three people at home at that time，her husband Tom，her son Bill and her daughter Betty.Anna asked each of them what they were doing when she went out.

---

① 教育部. 义务教育英语课程标准［S］.北京：北京师范大学出版社，2011.

接着，老师播放Tom，Bill和Betty的独白，让学生根据录音把句子补充完整。

教授的学习策略主要为激发原有知识的认知策略、善于利用生活中的素材来学习英语的资源策略以及合理分配注意力的调控策略。

活动2：观察总结。ppt显示答案后，教师通过提问的方式引导学生在三段独白中再一次发现并归纳过去进行时的形式（form），起到复习巩固的作用。

教授的学习策略主要为根据现象总结语言规律的认知策略。

Step 2：探究（理解与内化）

活动1：教师把学生分成四人小组，根据Tom，Bill和Betty的独白，讨论Who ate the cake？并说明原因。学生在说明原因时，自然而然地使用过去进行时这一目标语法，并从中感悟到过去进行时的意义。

教授的学习策略主要为与同伴学习交流，并反思自己的调控策略。

活动2：学生阅读Anna's thinking一文，选择动词的正确形式填空。读完全文后，学生知道谁吃了蛋糕，同时也在篇章语境中自主感悟一般过去时与过去进行时的区别。

教授的学习策略主要为基于语境分辨现在进行时和一般过去时的认知策略。

活动：3：在自主探究中归纳语法规则。经过了猜测"Who ate the cake？"和选择正确的选项补充Anna's thinking一文等一系列探究活动后，学生对一般过去时和过去进行时有了感性认识，此时教师适时地出示表格，用问题引导学生填表总结一般过去时和过去进行时的意义（meaning）、时间状语，并写出例句。

教授的学习策略主要为能总结所接触语言材料中的语言规律。

Step 3：策略指导（示范与练习）

活动1：采用篇章填空的形式，鼓励学生根据篇章的语境，运用恰当的时态准确表达意义，学生先独立完成，再在组内交流、分享自己的看法。

教授的学习策略主要为能通过已有知识去分析解决问题的认知策略以及能应用解释、举例等方式，与同伴证实自己理解的交际策略。

活动2：教师紧扣"Who ate the cake？"这一话题，巧妙地设计了Anna写日记这一任务，要求学生根据所给词汇和图片帮助Anna完成日记，让学生思考如何将语法知识应用到写作中。

教授的学习策略主要为能将知识和技能进行迁移应用的认知策略。

Step 4：自主学习（应用与反思）

活动：评价反思。教师引导学生根据评价表从语法、拼写、书写三方面进行互评，在互评中促使学生实现自我监控、自我发展。

教授的学习策略主要为进行自我评价和互相评价，反思所得的调控策略。

【评析】

Larsen Freeman指出语法教学应从语言的形式（form）、意义（meaning）、和运用（use）三个维度展开，通过语法教学，培养学生"准确、恰当、得体地使用语法结构的能力"。《英语课程标准（2011年版）》指出："在教学过程中，要始终体现学生的主体地位，教师应充分发挥学生在学习过程中的主动性和积极性，激发学生的学习兴趣，营造宽松、和谐的学习气氛……"那么，Larsen Freeman的三维语法教学理论能否进一步改进初中英语语法教学以及学生自主学习的现状呢？这节课探索了"体验—探究—运用"的语法教学模式。即借助教材文本或教师创设的话题情景，让学生在情景中体验目标语法的意义（meaning），探究目标语法的运用（use），观察、归纳目标语法的形式（form），并在完成真实的任务中自然地运用目标语法。把语法知识的学习与语言技能的训练、语言输入与语言输出有机地结合起来。引导学生在体验、探究、观察、归纳、运用中，发挥自身的主观能动性，自主地学习语法知识，利用图表梳理规律，将自己已有的知识系统化，也培养了学生综合语言运用的能力和自主学习的能力。

这节课的学习策略指导以融入式和分离式进行。在突破知识的重点、难点时，教师会采用分离式，示范如何思考和表达，再让学生模仿、运用，从而内化为自己的能力，形成学习策略。如探究环节的活动2，教师首先示范解释文本中该空格选用过去进行时或一般过去时的原因，再让学生对其他空格进行解释，训练了学生基于语境分辨现在进行时和一般过去时的认知策略。在其他的各个教学环节中，教师采用融入式。学生在完成每一项学习任务时，不断强化训练学生自主选择合适的学习策略去解决问题、完成任务。如体验环节的激发原有知识的认知策略、合理分配注意力的调控策略；探究环节的与同伴学习交流，并反思自己的调控策略；策略指导环节的将知识和技能进行迁移应用的认知策略，等等。学生在不断地使用、调整学习策略的过程当中，自主学习能力也不断得到提升。

第十章

阶段反思与总结

　　本阶段在延续上一阶段"有效教学"的优秀经验上，更加注重利用策略指导学生，提升学生自主学习的意识、动力、能力、策略水平，达到有效教学的目的。除此以外，"策略指导自主学习"的英语教学模式引入评价作为引导学生提升自主学习主动性的工具，并且将评价贯穿于整个学习过程中。通过各种学习策略的培训，大大增强学生使用资源辅助英语学习的意识，提高英语学习的兴趣。最大的变化就是学生的自主学习能力得到了很大的提高，培训后基本能够学会利用资源扩大词汇量、拓展对词块的认识、使用语言技能辅助学习。

　　在项目开展与教学模式的实践中，我们同时也面临两个困惑。第一，学生在拥有了自主学习的主动性后，教师如何能够为其提供更多、更高质量的自学资源？第二，如何能够真正落实评价贯穿每个教学环节，既能够节省教师的时间和精力，还能精准地记录每个学生的评价？

　　在困惑之际，我们把目光投向了新的事物——核心素养的提出，人工智能、外语教育信息化等。这些事物的出现正在引领着我们走向新的研究阶段。

第五篇

创新与突破阶段

（2017年—至今）

第十一章

模式概述：整合微课资源的教学模式

进入2017年，外语教学界面临着深刻的变革。这一年，在英语学科核心素养的指导下，因为《普通高中英语课程标准（2017年）》面世，全国各地掀起一股英语教学改革的浪潮；2018年国家教育部提出《教育信息化2.0行动计划》，外语教育与信息技术深度融合、探索与发展成为外语教育界一道亮丽的风景线。作为新事物，人工智能的出现，大大地改变了英语教学的发展。一来是教学资源上的成倍增长，二来是技术上（尤其是大数据）的改变。本研究第三阶段的主要工作，主要聚焦于两方面：互联网+微课资源建设、数据驱动下教学模式的变革。

微课是一种新型学与教的资源，目前被广泛应用于英语教学中。佛山市第六中学微课资源研究团队承担了此项目的研究，研究重点为探讨如何应用微课培养中学生英语自主学习能力，促进英语学业水平的提高。在研究中，团队首先厘清微课和自主学习的概念以及两者的关系，然后根据英语学科的特点和学生的实际水平，以九年级英语模块话题为主线，设计了"微课系列"资源包，把微课划分为四种类型，分别是导学型微课、语法型微课、专题型微课和拓展型微课。教师根据课型指导学生如何利用微课进行自主学习，并对学生的自主学习进行多元评价，保持自主学习的多样性和持续性。

一、主要围绕以下问题展开相关研究

微课资源研究团队旨在从研究微课的应用对学生自主学习能力的影响出发，加强信息技术学科教学的融合，在教学中通过研究微课开发和应用的模式，激发学生自主学习英语的兴趣，并指导他们如何科学有效地应用微课，促进其英语自主学习能力的发展，最终实现英语学习水平的提高。通过不断深入地思考，团队逐步明确了研究的方向和着力点，主要围绕以下问题展开细致的研究：

如何有效开发和应用微课，以促进学生英语自主学习？以英语教材的模块话题为核心，通过对微课的分类和学习内容的整合，形成系列化、专题化的"微课系列"资源包，把它们应用于不同的教学课型和教学阶段，指导学生运用微课学会自主预习、学习检测和自我评价。

微课应用对学生英语自主学习能力会产生哪些方面的影响？

本团队参照齐莫曼的理论研究框架，从学生学习自主性的六个维度进行分析，包括学习动机、学习时间、学习方法、学习过程、学习结果和学习环境，研究微课对学生英语自主学习能力的培养会产生哪些积极影响并分析原因。

如何评价学生英语自主学习的效果？

本团队采用多元评价的方式，分别从学生的自主学习检测、自主学习成果、自主学习评价等多方面综合评价学生英语自主学习的能力，并且结合英语学业成绩来检测学生自主学习能力培养的效果，力求保证评价的客观性和全面性。

二、研究实施分三个阶段

本团队在郑俏莹老师的带领下，以初中九年级（303 班和 306 班为实验班）为研究对象，研究持续一年。研究实施分三个阶段。

1. 第一阶段（2017年7月—9月）：学习和准备阶段

课题组老师学习微课制作及应用知识，参加各种级别的微课专题培训会，了解微课的发展和制作技术手段。同时认真查找和阅读相关文献，结合英语学科的特点和学生的实际需要，确定微课制作的原则和方向，并对两个实验班的学生进行学习动员和微课应用的相关培训。另一方面，对中学生的自主学习能力展开调查，初步了解学生的自主学习的状况，编制了《中学生英语自主学习能力测试问卷》，为下一阶段的研究做好准备。

2. 第二阶段（2017年9月—2018年2月）：研究和实践阶段

为了顺利开展课题研究，本团队课题组成员认真制定计划，确定研究计划和实施方案。以九年级英语模块话题为主线，设计了"微课系列"资源包，根据课型指导学生如何利用微课进行自主学习，并对学生的自主学习进行多元评价，既有过程性的观察和测试，也有阶段性的评价和反馈。在整个实验阶段，对学生的英语自主学习能力进行了前测和后测，对部分学生还进行了个别访谈，了解学生的学习过程，并帮助学生解决实际应用中的学习困难，对不同层次的学生给予相应的学习策略指导，满足学生的个性化学习需求。另一方面，团队内部各成员之间明确分工，认真制作和应用微课，严格按要求落实计划。以每一次月考为时间节点，整个学期共分成了三个阶段，每个阶段会进行一次交流和研讨，总结上一阶段学生应用微课的学习情况，并讨论能否按研究计划正常实施，找出存在的共同问题，不断调整研究计划和实施方案，更好地进入下一轮的微课应用研究。

3. 第三阶段（2018年2月—2018年7月）：整理和结题阶段

课题组成员整理微课学习的过程性资料，对学生自主学习的前测和后测的成绩进行数据整理和分析，同时对比学生英语学业水平测试的变化，进一步总结微课资源应用的经验，最后认真撰写研究报告，汇总研究成果，做好结题工作。

第十二章

案例分析

一、导学型微课案例

Book 5 Module 12 Unit 1 自主学习任务单

姓名：_____　班级：_____　组别：_____

（一）问题导学

1. What kinds of pollution do you know?

2. What are the pollution problems?

3. What is green school?

4. What can students do to support a green school?

图12-1　导学型微课案例录像

（二）知识梳理

1. What kinds of pollution do you know?

There are _____ kinds of pollution，including _____，_____，_____.

2. What are the pollution problems?

要求：看微课视频上的图片造句，在右边横线上写出自己的句子。

图1 eg.It makes people ill，or even die._____.

图2 eg.The factory pollutes the river._____.

图3 eg.There are so much rubbish._____.

3. A green school is a school _____.（下定义）

4. What can students do to support a green school?

要求：预习对话，圈出关键短语，完成练习。

Match the phrase

collect

use   waste

sell   money

save   poor children

help   energy

recycle

What's your idea to build a green school?（Only key words）

1. _____

2. _____

3. _____

4. _____

（三）经典句型

It's no use talking about things we can't do.

Though pollution is heavy now, I don't think it's hopeless.

If everyone starts to do something, the world will be saved.

请大声朗读以上句子。

二、专题型微课案例

2018中考·短文填空

班级：_____ 姓名：_____

（一）归纳出短文填空命题的三个特点

1. _____

2. _____

3. _____

（二）中考真题演练

Will Johnson has worked his way up the list of most popular stars in his country.In fact, it is

图12-2　专题型微课案例录像

not surprising that Will is so successful if we know about his early life. Some valuable lessons he learnt as a child have strongly influenced him __71__ his later life. One of them was from his father __72__ was strict with him and his brother.

Once, Will and his brother Harry __73__ gwen a job. __76__ , with the attitude （态度）of "one brick more", both Will and Harry rebuilt the wall in __77__ period of six months. Each time they were about to give up, their father __78__ them up patiently. Both brothers were so sad about the job at __79__ , but after completing the task，they felt a sense of pride，and so did their father.Even today when Will thinks that he won't be able to do sometihng，he will look back to this experience and keep telling __80__，"one brick at a time"．

解题步骤：

步骤1 _____

（初步判断： _____ ）

步骤2 _____

（先易后难： _____ ）

步骤3 _____

（检查内容： _____ ）

（三）学习建议

熟记单词，避免错误。（例如：quite-quiet；except-expect；tired-tried）

熟记短语，搭配正确。

熟记句型，知其用法。（例如：It takes sb.+时间+to do sth.；so +形/ 副 +that + 从句）

真题训练，总结规律。

三、语法型微课案例

微课系列之中考语法：名词练习

（ ）1. —— I don't know how to use the iPhone X.

    —— It doesn't matter.Here is the_____.

   A. direction   B. information

   C. advertisement   D. instruction

（ ）2. Jim was late for two classes this morning. He said that he forgot both of the_____.

图12-3　语法微课二维码

    A. rooms number   B. room number

    C. room's numbers D. room numbers

（ ）3. Look！ There are three_____ and two _____at the school gate. Let's show them around our school.

A. Frenchman；German   B. Frenchmen；Germen

C. Frenchmen；Germans   D. Frenchmans；Germans

(　　) 4. There are many ＿＿＿＿＿＿＿ shops in this street. I want to buy a pair of ＿＿＿＿＿ shoes.

A. shoe；sport   B. shoes；sport

C.shoe；sports   D.shoes；sports

(　　) 5 .—— It's convenient to travel from here to the downtown by taking the newly - built green railway.

       —— Yes. It's said that a ＿＿＿＿＿ is enough.

A. thirty minutes drive   B. thirty - minute drive

C. thirty minute's drive   D. thirty minute' drive

(　　) 6. ＿＿＿＿ been made in science since then.

A Great progress has   B. Great progresses have

C. Great progress has   D. Many progresses have

(　　) 7. Children should make ＿＿＿＿＿ for old people in a bus.

A. room   B. a room

C. rooms   D.the room

(　　) 8. Mr Green is a friend of ＿＿＿＿＿.

A. Mary's father's   B. Mary's father

C. Mary father's   D. father's of Mary

(　　) 9. ——Where did you have your supper?

     ＿＿＿ ＿＿＿＿＿＿＿＿＿＿＿.

A. At my sisters   B. At my sister

C. At my sister's   D. At my sister home

(　　) 10. ——Taking a walk in the evening is a good ＿＿＿＿＿.

     —— So it is. It keeps us healthy. Would you like to join me?

A. habit   B. rule

C. custom   D. manner

四、拓展型微课案例

微课自主学习任务单

班级：_____ 姓名：_____

话题：Module 12 Save our world

Topic：Who is the master of our nature？人类的命运到底掌握在谁手上？

微课选自Boxfish APP"话题文章"——"世界与环境"

1. 词汇导学

thrive   starve   disregard   falter   species   evolve

中文：_____   _____   _____   _____   _____   _____

2. 问题导入

Q：Can humans live without nature？Why？

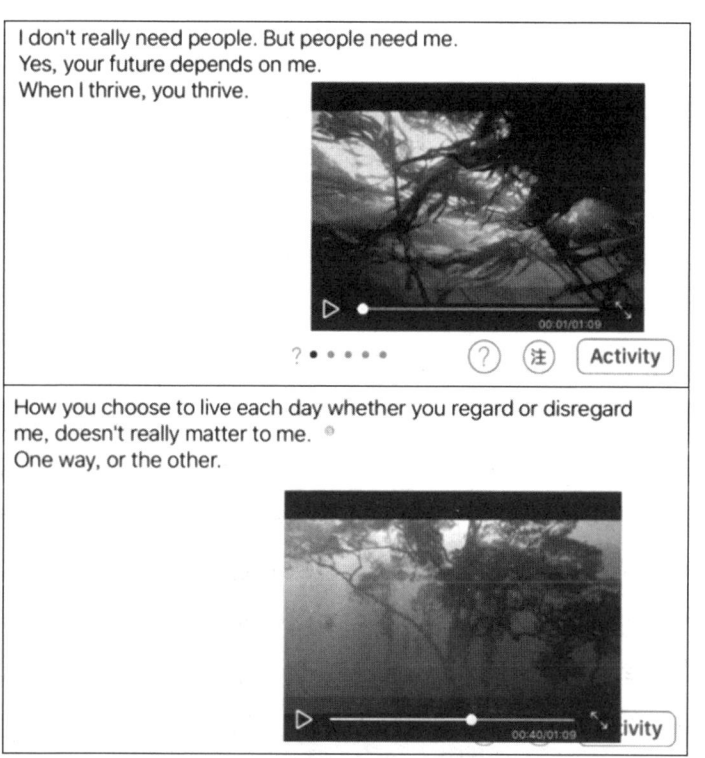

图12-4　微课视频截图

3. 学习微课，理解大意

Q：Do oceans, soil and streams belong to human beings?

_____

_____

4. 拓展写作

观看微课后，请结合话题写一篇60字左右"保护水资源"的倡议书。

_____

_____

_____

_____

五、研究反思

经过一学期的实验研究，团队发现两个实验班的自主学习能力均有提高，特别在学习动机和学习方法方面进步显著，而学习时间则有待加强。另一方面，团队发现两个班的英语学业水平也有提升，尤其培优班学生进步的幅度更明显，说明学生的学习能力不断增强，应用微课在一定程度上促进了学生英语学业成绩的提高。此外，团队总结出一些有效的做法，包括四个方面：明确微课应用的原则、优化微课应用的模式、重视对微课学习的评价和加强对微课学习的指导。在后阶段，团队将在此基础上认真总结和深入研究，积累更丰硕的成果，促进学生自主学习能力提高，为学生搭建更好的数字化学习平台。

团队应用微课培养学生英语自主学习能力取得了一定的成效。在教学实践中，坚持以学生为中心，不断优化微课应用的模式，并通过各种评价方式调动学生们自主学习的积极性。实践证明，微课的应用激发了学生的学习兴趣，增强了师生教与学的互动，培养了学生自主学习的好习惯，增强了学生自主学习的意识。许多学生的学习动机更加明确，学习方法也更加合理和科学，能较好地完成学习任务，因此英语学业成绩也有相应的提高。

另一方面，微课的制作与应用促进了教师的专业提升。微课制作的过程是教师对英语教学不断思考、完善和创新的过程，这集合着教师的智慧，促进教师专业技能提升和教学价值发现。同时，微课作为数字化教学资源的新形式，为教师教学提供资源辅助，使课堂教学更加丰富和多元。我们通过微课的研发与应用，初步形成了"微课系列"资源包，这有利于我市英语教研教学成果的积累和应用，实现资源共享共建。

第十三章

模式概述：人工智能加持的英语掌握式教学模式（AI+SCP）

本教学模式基于布鲁姆的掌握学习理论进行设计，以人工智能为辅助与支持手段，将二者有机融合。人工智能（Artificial Intelligence）是一门综合了计算机科学、生理学、哲学的交叉学科，历经从注重逻辑算法的机器翻译阶段向强调知识表征的专家系统阶段的过渡，发展到今天，受到大数据、云计算、物联网和移动互联等技术的驱动，已经进入了以突出神经网络的认知智能的全新阶段，逐渐对人类社会诸多领域产生变革性影响。具体到教育领域，随着新一代人工智能技术的冲击，传统学校教育中教师的教学方式和学生的学习方式也在向智能化的方向发展。2017年，国务院颁布的《新一代人工智能发展规划》提出"利用智能技术建立以学习者为中心的教育环境，提供精准推动的教育服务，推动人工智能在教学中的全流程应用"。很显然，促进教师运用人工智能技术辅助日常教学已是大势所趋，这对教师的专业化发展也提出了更高的要求。

所谓"掌握学习"，是指在以班级授课制为基础的集体教学形式下，教师为学生提供充足的学习时间和所需的个别帮助，辅之以经常的、及时的反馈和矫正，从而使学生在掌握一个单元学习内容后，再进行下一单元较高级的学习，最终使大部分学生达到课程目标所规定的标准。该理论主要观点有两个：一是"为掌握而教"，二是"为掌握而学"。前者强调教学的目标是要让学生掌握和应用知识，后者则是指为了达到前者所述"目标"给学生创设良好的学习环境。"掌握学习"教学模式的主要特征包括：学生具备必要的认知结构是前提、学生积极的情感特征是内在因素和反馈—矫正性系统是核心。基于"掌握学习"理论，对传统的英语写作教学模式进行变革，具有重要的意义。掌握学习，其目的是使大多数学生能在较高水平上掌握课程。在这个过程中，对课前、课中、课后三个阶段都提出不同的要求。此框架包括课前自学（Self-study）、课中矫正（Correctives）、课后提升（Promotion）三个学习阶段。课前包括教师的教学行为（制定学习目标和评价标准）以及学生的学习行为（学生个性化网上学习）；课中教师借助人工智能生成的学生网上学习反馈结果，开展多元互动教学，并进行第一阶段形成性评价，接下来通过进阶的小组合作（enrichment activities）以及针对个别学生的矫正学习（correctives）提升学生习得水平，再进行第二阶段形成性评价；课后分层布置巩固和拓展任务，最后以总结性评价结束一个课程的学习。该框架借鉴了布鲁姆的掌握学习理论框架：教师依据学情以及学习内容进行学习目标的设计，并制定学习掌握的标准。在这个过程中教师是引领者、帮助者、促进者和评价者；学生依据目标运用智能学习平台进行分组合作学习或进行个性化矫正性学习，是在教师引领和帮助下的自主学习者。本教学模式的研究被广东省教育厅立项为"2018年基础教育信息化融合创新示范培育推广项目"。

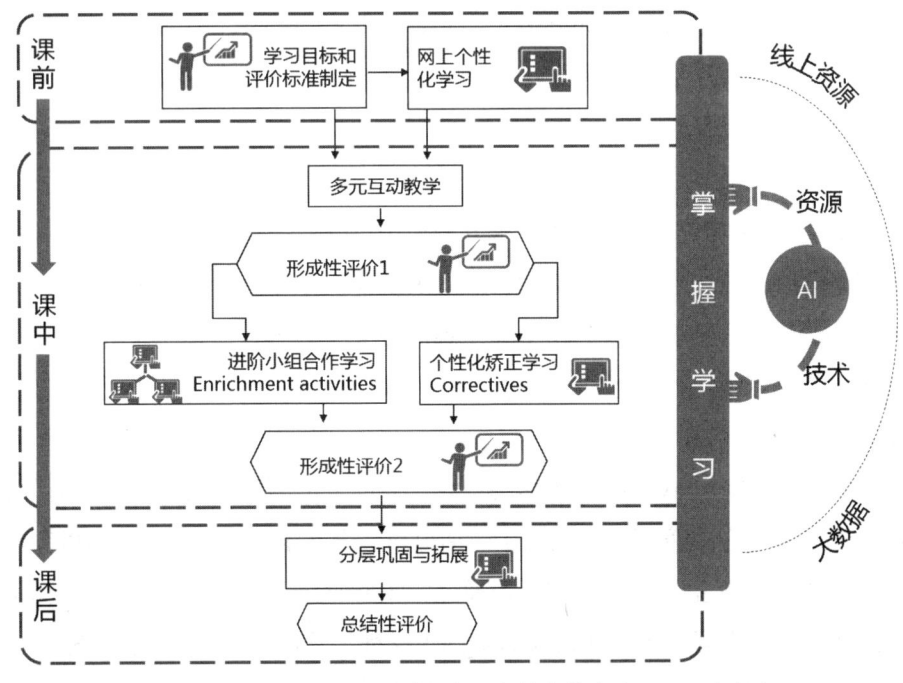

图13-1　人工智能加持的英语掌握式教学模式（AI+SCP）框架

第十四章

案例分析

第一节　听说教学模式

一、基于人工智能学习平台开展的七年级英语听说教学案例1

课型：听说课

教学内容：外研版七上Module 4 Unit 1 We've got lots of apples.

设计指导：佛山市教研室 何润青；执教：顺德区第一中学外国语学校　夏嘉琪

1. 课例背景

本课例为2018年广东省教育厅举办的初中英语与信息技术深度融合专题网络教研活动"同一堂课·走进佛山"现场展示课。本课例以外研版七年级上册"Module 4 Unit 1 We've got lots of apples."为教学内容，授课学生为佛山市华英学校七年级学生。

2. 教材分析

本单元以"healthy food"为话题主线，通过Betty帮助妈妈制定购物清单、Tony与Tony的爸爸在商场购物的两个对话语篇，引起学生对健康饮食的思考。

本单元由表入里，教学内容层层递进，主要有以下几部分：话题与词汇的导入、听力训练与重点句型（have/has got）操练、语音语调教学与任务输出。

本单元话题的主要功能为饮食，任务输出是制作一个"shopping list"，运用到"have/has got"句型检查已有和未有物品，并涉及对健康食物、不健康食物的初步判断。

3. 教学目标

基于教学材料的分析，本课的教学目标如下：

（1）语言能力

① 全体学生能够通过跟读词汇，基本掌握包括词汇的发音、拼读及意思，以下food，drink，candy，fruit等与食物有关的词汇，并能在语境中正确运用这些词汇描述购物清单。

② 80%的学生能够听懂关于食物的对话，并且学会提取关键信息。

③ 80%的学生能够掌握并正确运用"have/has got"句型来描述自己的购物清单。

（2）学习能力

50%的学生能够运用分类策略记忆大量关于食物的词汇，并且运用到制作购物清单中。

（3）文化意识

全体学生能够增强佛山美食文化输出意识，提升其文化自信。

4. 课时任务

任务情景：最近华英学校将迎来一位来自俄罗斯学生Yuri，他将随着来中国做贸易的父母在佛山待一个星期，他很渴望体验岭南美食文化。

任务行为：检查已有的食物库存（教师在课上发放的食物卡片），并且列出需要买的食材。

任务成果：为Yuri挑选几道佛山名菜，并且准备食物。

5. 教学过程

本课的教学过程分为课前、课中以及课后，教学过程如下。

【课前】预习与学情分析

9月25日培训学生使用网络学习平台；9月26日让学生在网络学习平台的课时完成：a.配套单词跟读与填空；b.关于最受欢迎的佛山名菜的投票完成；9月28日教师分析学生课前学习成果。

（**设计意图**：教师利用人工智能学习平台，让学生进行课前自主预习，为接下来的教学进行语言准备。从平台收集的学生学习数据中教师发现学生对于名词数的掌握不牢固，因此制定本课的其中一个教学重难点为在语境中正确运用名词的数。）

【课中】教学的开展

Step 1：任务呈现

教师通过爱剪辑软件制作了一段任务视频，视频中介绍道，在"一带一路"的政策背景下，华英学校将迎来一位来自俄罗斯交换生Yuri，他随来华做生意的父母来到佛山，他希望能在华英同学的带领下体验一番岭南的美食文化。观看视频后，教师引导学生明确本节课任务：各个小组为Yuri推荐几道佛山名菜，并列出要购买哪些食材。

（**设计意图**：利用爱剪辑视频剪辑工具，比寻常单纯呈现图片导入任务更具真实感。引入"一带一路"的宏观大背景，创设真实语境，激发学生兴趣。引导学生关注家乡的美食特色文化。）

Step 2：预习检查与反馈

教师呈现课前预习数据，表扬通过反复练习不断提升语言掌握准确度的学生，并针对学生集中出现的错误给以纠正，为接下来的语言输出做好准备。

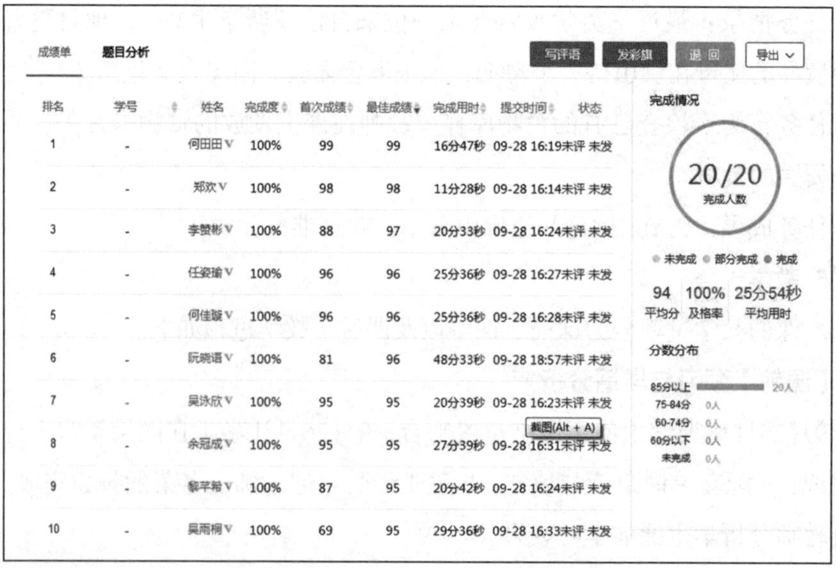

图14-1-1 学生预习数据反馈

Step 3：初步感知

教师带领学生进行头脑风暴：超市里会有什么食物。教师呈现词汇分类思维导图，限时30秒讨论。接着各小组选派代表，学生分组竞赛，尽可能多地写出食物的词汇。在学生列出多种食物后，教师运用词汇分类图，对不同类型的食物以及其名词的数进行回顾，并在黑板上板书"We have got some..."句型，在反复操练该句型过程中，纠正学生名词复数的发音。

（**设计意图**：学生课前利用人工智能学习平台进行学习，教师再次对课前学习的词汇加强记忆，有针对性地进行巩固；同时在超市购物的语境中，初步呈现"We have got some..."句型，并且通过一定的口语教学带领学生温习名词复数的发音，提升学生对名词的数的敏感度。）

Step 4：听力活动一（Activity 4）

教师提醒学生，要有规划意识，在购物之前，做好购物清单。那么如何制作一份好的购物清单呢？学生通过学习教材Activity 4：听并勾选。（情景：Betty和妈妈在制定购物清单，要求学生勾选她们已有的食物。）要注意的是，在进行听力练习之前，教师提前标注句型"have got some..."，帮助学生听前预测。并且提前提醒学生注意"haven't got any..."避免无关信息干扰。

（**设计意图**：教师根据听力材料进行改编，将上一个活动中的词汇分类图沿用到本活动制作shopping list的听力中。学生根据听力题型的设置，对shopping list有初步的概念，并且学会通过分类，提高制作shopping list的效率。）

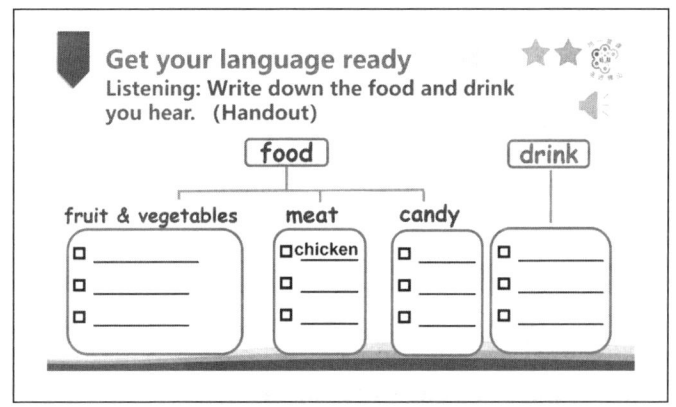

图14-1-2　听力活动4

Step 5：听力活动二（Activity 5）

教师运用网络学习平台进行Activity 5的练习：听并选择。听力文本是关于Tony和爸爸在制定他们的购物清单，教师提前让学生圈出关键词，再让学生选择正确答案。听力练习结束后，教师打开人工智能学习平台，点评学生数据，针对错题并点拨听力技巧。第二次听力，同样的听力进行听并判断的习题类型，主要涉及听力文本的细节题目。

（**设计意图：**这段听力语篇较长，因此教师先利用选择题进行直接信息的获取，并让学生对听力文本话题有大概的了解。利用人工智能学习平台，当场收集学生的习题数据，并且马上进行错题的讲解。第二次听并判断，引导学生进行更深层次的信息获取，核对答案的过程中反复运用句型"We have got some…""We haven't got any…"，并借此点拨文本关键句型，为下面的口语输出做铺垫。）

Step 6：口语训练

教师在课前布置了人工智能学习平台的两道习题，分别是寻找目标语以及模仿朗读。在学生完成口语练习后，平台会自动统计学生朗读结果，教师在浏览结果后重点强调学生朗读的共性问题。

（**设计意图：**日常口语教学中，教师难以对每一位学生的口语发音进行一对一的指导和纠正。利用人工智能口语评分技术，是本课提高教学效率的一个重要突破口。经过口语训练以及纠正，学生能够更精准地明白自己朗读中存在的问题，并有意识地纠正自己的错误。）

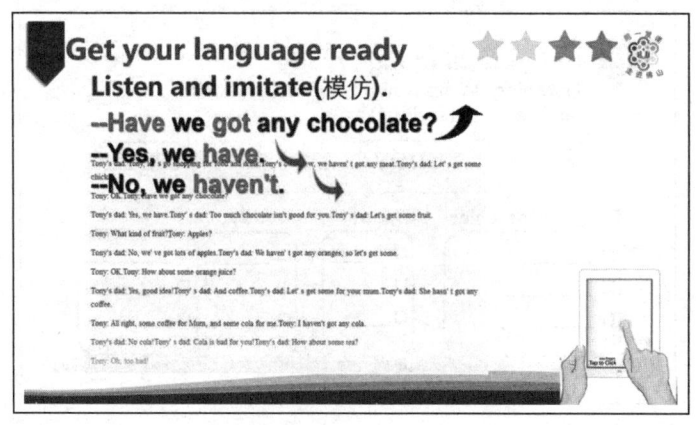

图14-1-3　布置学生到人工智能学习平台朗读课文、找读目标语

Step 7：运用实践

教师引导学生回忆佛山的著名美食，并且呈现课前预习时大家的投票结果。最受学生欢迎的佛山菜，前六名分别是炸牛奶、烧鸡、煲仔饭、清蒸鱼、鱼饼、萝卜焖牛腩。教师布置每小组负责制定招待Yuri的两至三道佛山名菜。学生手头上已经有一些食物素材，（提前给每小组发食物卡片）。学生A负责检查所需的食材、学生B负责检查已有的食材，两人运用"Have we got..."句型商量未有的食材。在学生制定了菜单之后，运用Seewo的投屏功能展示学生设计的菜单，并且邀请学生进行讲解。最后利用评价表格进行课堂评价。

（**设计意图**：引导学生，利用所学的知识谈论本土的特色美食。利用网络投票，增加学生的参与度，并且准确了解学生的喜好，使其在熟悉的话题上更好地进行口语输出。利用投屏功能，能够迅速地反馈学生讨论成果。在制定佛山美食菜单的过程中，学生不断地加深对本土文化的认同感与自信心，提升其文化自信。）

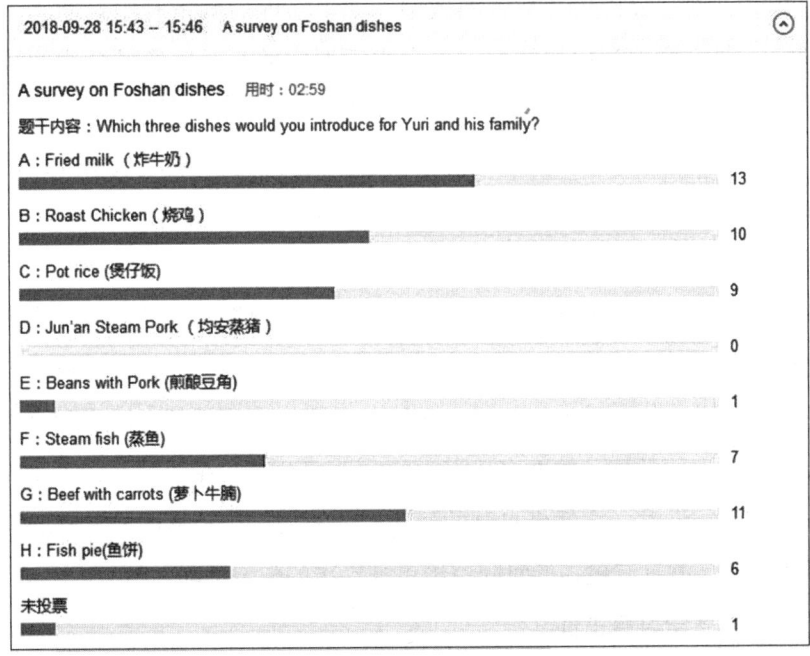

图14-1-4　学生投票选出"我最喜爱的佛山美食"

【课后】巩固与提升

教师利用人工智能学习智能题库布置作业：课文跟读、听力、同主题阅读2篇、趣味配音等。学生完成招待Yuri制定的菜单，并且带到下一堂课继续使用。

（设计意图：利用人工智能学习平台布置作业，学生在完成后会得到即时的数据反馈，而且可以选择再次做题，进行个性化的提升。而因为此练习的发布，教师又会有新一轮的数据，并且和课前预习的数据进行一个对比。）

【评析】

通过本课例，我们可以发现信息技术与英语教学的深度融合为课堂带来了更多的可能性，主要体现在以下几方面：

1. 重构学习方式

从时间维度上说，智慧学习空间支持下的课堂教学整合课内与课外、课堂与课间的学习，体现线下面对面的即时交流与线上虚拟的各种学习的无缝对接。在本课例中，教师在课前、课中、课后利用人工智能学习平台进行了不同的学习活动，都极大地提升教学的效率。课前与课后侧重利用智能学习平台收集学情，课中侧重利用智能学习平台进行课堂的交互。通过合成的视频、音频、口语测评等方式，多模态的教学模式提升学生的参与度，训练学生的"听"（获取信息）、"说"（信息输出）的能力，实现听、说两项语言技能的高度统一，凸显听说课的教学特点，最后提升学生的核心素养。

2. 提升教学精准性

利用人工智能学习平台，教师能够充分利用大数据技术的优势，优化传统教学过程，并在此基础上，融入精准练习、测量与记录，进行精准教学，从而为下一步的教学决策和学习干预提供支持。本课例中，教师在课前预习中已经充分了解了学生的学情，精准定位学生的共性问题，并在课堂上有的放矢地解决，而非像传统课堂一样凭借自己的经验"一刀切"。精准的教学有助于教师优化教学流程，并且有更多的时间留给更高层次的学习活动。

3. 提高学生学习自主性

人工智能学习平台除了给教师学习数据的反馈，还会给学生学习数据的反馈，帮助学生对自身的英语知识掌握水平有更清楚的了解，并且会自发地完成更多的习题。在这个过程中，使用人工智能平台不断提升学生的元认知水平和策略。本课例，大部分学生当发现自己某个单词或者句子发音评分低于平均水平后，都选择了再次朗读。在这个过程中，学生通过不断的口语操练已经在完善自己的朗读精确性，无需教师再次进行指导。这个过程充分地发挥了学生自主在学习过程中的作用。

二、基于人工智能学习平台开展的八年级英语听说教学案例2

课型：听说课

教学内容：外研版八上Module 6 Unit 1 It allows people to get closer to them

设计指导：佛山市教研室 何润青；执教：佛山市华英学校　陈正尧

1. 课例背景

本课例为2018年中国教育技术协会中小学外语教育信息化应用工作委员会和北京师范大学外国语言文学学院在珠海联合举办的中学英语创新课例观摩培训会的展示课例，本课例以外研版八年级上册"Module 6 Unit 1 It allows people to get closer to them."为教学内容，授课学生为珠海第九中学八年级学生。

2. 教材分析

本堂课教学内容为外研版新课标初中英语八年级上册"Module 6 Unit 1 It allows people to get closer to them."本模块以保护濒危动物为话题，向学生们介绍了一些濒危动物。这个话题既有意义，又能引起学生兴趣，同时也是对学生进行环保教育的良好素材。这个单元以Betty和Lingling参观完动物园之后的对话，引发学生对于濒危动物的了解和思考。对话中提到许多野生动物的生活现状、濒危的原因以及两人对于如何帮助濒危动物的思考。

从语言角度来说，学生通过听、说、看三大活动学习和运用与动物及动物保护相关的表达方式。从语法角度来说，本节课涉及到的语法点为动词不定式"to do"在表行为目的的语境中的使用。

3. 教学目标

基于教学材料的分析，本课的教学目标如下：

（1）语言能力

① 全体学生能够通过跟读人工智能学习上的词汇学习，认读一下单词和短语：snake，neck，thin，danger，in danger，at last，interested，allow，think of，protect，wild，grow，take away，enough，look after，raise。80%的学生能够认知并正确运用这些词汇。

② 全体学生能够利用人工智能学习平台听懂有关动物保护的对话，并能使用动词不定式to do谈论如何保护濒危动物；

（2）学习能力

全体学生学会运用听力策略（如note taking），获取对话和视频中的细节信息；

（3）思维品质

80%的学生能够分析并理解对话，思考野生动物濒危的原因与相应的帮助措施，提升自身的逻辑思维能力。

（4）文化意识

全体学生能够增强环境保护，以及濒危动物保护的情感意识。

4. 课时任务

任务情景：假设WWF要在学校招募保护野生动物的宣传志愿者，号召大家一起保护濒危动物，需要学生的英语口语达到一定水平，能够使用适当的语言去做口头宣传。

任务行为：了解目标濒危动物的基本信息，并且以小组为单位进行讨论和准备发言。

任务成果：为成为野生动物宣传志愿者，准备一个简短的宣传发言。

5. 教学过程

本课的教学过程分为课前、课中以及课后，教学过程如下。

【课前】预习与学情分析

教师让学生上网完成人工智能学习课时配套单词跟读与填空。

教师布置学生课前上网查找关于WWF和各种濒危动物的相关信息。

（**设计意图**：教师利用人工智能学习平台，让学生进行课前自主预习，为接下来的教学进行语言准备。从平台收集的学生学习数据中，教师发现学生对于名词数的掌握不牢固，因此制定本课的其中一个教学重难点为在语境中正确运用名词的数。）

【课中】教学的开展

Step 1：任务呈现

教师将教材活动1作为猜词小游戏形式，引导学生说出几个濒危动物的名字。

学生在人工智能学习上观看一个拯救濒危动物的公益广告，并写下尽可能多的濒危动物名字。如果学生程度较差，在人工智能学习平台的视频下方给出多个动物的名字，学生看视频，并点击所看到的濒危动物名字。

教师创设语境，展示单元任务，假设WWF要在学校招募保护野生动物的宣传志愿者，号召大家一起保护濒危动物，需要学生的英语口语达到一定水平：

（1）You need to get at least 90 points on Ekwing.

（2）You need to know how to call on people in English.

（3）You need to know more about the animal you need to protect.

学生分组、自主命名。每一组学生负责号召保护一种濒危动物。

（设计意图：通过视频引入话题，激发学生对濒危动物的保护欲望。另外，随笔记下尽可能多的动物名称的活动能够训练学生记笔记的能力。通过"成为保护野生动物宣传志愿者，号召大家保护濒危动物"的单元任务来为学生创设学习使用英语的语言环境，驱使学生为了解决实际问题而努力学习英语，从而发展学生的学习能力。）

Step 2：预习检查与反馈

1. 教师展示人工智能学习平台学生课前单词学习成绩的数据，再利用课前准备的习题帮助学生进行针对性的强化。如果学生学习情况良好，直接进入下一步。

2. 学生使用人工智能学习平台学习教材活动2：听小对话，回答问题。

（设计意图：通过课前收集学生预习情况的数据分析，一方面对完成情况优秀的同学予以表扬，另一方面有针对性地帮助学生进行语言知识的巩固，为听力做词汇的准备。通过教材上的小对话听力，帮助学生进行该话题的听力预热，从而更好地过渡到正文的听力。）

Step 3：听力活动（Activity 3）

1. 学生第一遍听对话，回答两个简单问题，理解文章大意。

2.学生第二遍分部分听对话（分两部分听）：

学生听A部分，记笔记，并完成教材活动3中表格的左边部分，总结这些野生动物濒危的原因；学生听B部分，记笔记，并完成教材活动3中表格的右边部分，归纳出对话中提到的我们能够做到的事。教师引导学生用"To help animals..., we should..."或者"We should...to help animals..."的结构复述表格。

图14-1-5　听力活动A部分

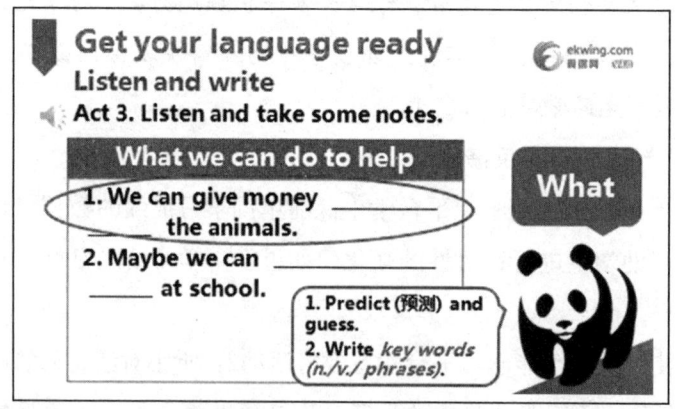

图14-1-6　听力活动B部分

（**设计意图**：第一遍通过听全对话，结合两个关于对话大意的问题，帮助学生理解对话的语境和中心大意。第二、三遍为分部分听。教师按对话功能将对话分为两部分，学生通过分别听两部分听力，有针对性地提取动物濒危的原因和相应保护措施的细节信息，从而帮助学生提升逻辑思维能力。另外，在听录音的过程中，要求学生通过记笔记来帮助获取关键信息，进一步训练学生的记笔记能力。最后，教师引导学生按结构复述表格，一方面让学生体验目标语法"to do"，另一方面帮助学生梳理文章。）

Step 4：听后思考

1.学生阅读对话，并思考讨论以下问题（包括部分教材活动6的问题）：

① Why do we visit the zoo?

② Do you think animals are happy in the zoo？Why or why not?

③ Why should we help animals in danger?

④ If you are a volunteer，who would you like to call on first to protect the animals？Give your reasons.

2.学生完成教材活动4，总结对话。

设计说明：通过让学生阅读对话，并进行深入的思考，提升学生的思维能力，为后面完成课堂任务的输出环节做思维上的铺垫。

Step 5：口语训练

1.学生在人工智能学习平台上听录音，模仿朗读教材活动5中的句子，掌握带有动词不定式"to do"句子的停顿方式。

2.教师引导学生总结动词不定式"to do"的使用。

（**设计意图**：通过让学生模仿跟读带有目标语法的句子，强化对目标语法的认知和语感。另外让学生在人工智能学习平台的帮助下，关注句子停顿和纠正自身发音。通过引导学生总结归纳目标语法的使用，为课堂任务做语言准备。）

图14-1-7　布置学生到人工智能学习平台朗读目标语

Step 6：运用实践

1. 教师再次呈现课堂任务，给出句式结构和简单的示范，并呈现成果评价标准。

2. 学生分组在人工智能学习平台上观看自己需要保护的动物的相关视频，并利用教材活动3的表格记笔记。

3. 学生小组讨论本组动物的现状和濒危原因以及保护措施。

4. 学生小组派代表展示，教师根据评价标准对学生成果进行评价和反馈。

（**设计意图**：实践运用。通过再次呈现课堂任务，使学生需要在适当的语境中去使用目标语法进行语言输出。观看视频并记笔记是学生在本节课中第三次训练记笔记的活动，并且难度有所提升，能够进一步考验学生的学习能力。通过小组讨论的方式准备任务，也能提高学生的自学、互助、探究的学习能力。另外，在学生准备前，教师给出示范和评价标准能够给学生的输出提供导向，也为教师检测学生是否能够达到本堂课的学习目标提供依据。）

【课后】巩固与提升

教师利用人工智能学习平台智能题库布置作业：课文跟读、听力、同主题阅读2篇、趣味配音等。

（**设计意图**：利用人工智能学习平台布置作业，学生在完成后会得到即时的数据反馈，而且可以选择再次做题，进行个性化的提升。而此次练习结果的发布又为教师提供了新一轮的数据，以便教师和课前预习的数据进行一个对比，总结教学成果，调整下一步的授课活动。）

【评析】

通过本课例，我们可以发现信息技术与英语教学的深度融合为课堂带来了更多的可能性，主要体现在以下几方面：

1. 人工智能延伸学习场所

人工智能学习平台能够为学生提供丰富的学习资源以及数据反馈。学生能够在课前、课中和课后三个学习阶段利用平台上的资源自学与提升。使得课堂的场所得以延伸。在本堂课的引入和听前部分，教师利用Unit 2才会出现的WWF组织为学生创立了一个需要学生去"号召保护野生动物"的语境，驱使学生为了完成课堂任务，积极去完成三个学习步骤：1.人工智能学习平台上单词学习得分90分以上;2.从课堂学习中学会如何用英语去号召大家保护濒危动物;3.了解关于这些濒危动物的信息。由于有了人工智能学习平台的大数据分析,教师能够轻松地检测学生第一个学习步骤的完成情况。同时也能够帮助老师及时调整教学活动。另外,在听后的口语训练中,学生还需要利用人工智能学习平台的跟读资源,更加精确地纠正自己的读音。课后,教师通过在智能平台上给学生布置同话题下的趣味练习和拓展练习,来帮助学生完成知识的巩固与能力的提升。

2. 人工智能促进自主学习

人工智能平台对于学习数据的及时反馈能够很好地帮助学生去完成课外的自主预习和自主复习。在课前的单词预习中,学生利用智能平台上的资源对新单词进行多种形式的自主预习。教师只需要给学生制定一个达成目标,帮助学生把握学习目标达成度和方向。本节课还能够在课后作业布置上进行改善。教师可以将分层教学和分层作业的理念融入其中。让学生根据课中任务完成的评价量表来对作业做分层的选择,而不是由教师来作统一布置。智能平台的优势在于庞大且全面的资源库和精准的资源分类,能够非常有利于学生针对薄弱点进行自主的学习和提升。这样一方面能够提高学习效率。另一方面能够很好地提升学生学习的自主性,大大地提高了学生在学习过程中的主动性和参与性。

三、基于人工智能学习平台开展的八年级英语听说教学案例3

课型:听说课

教学内容:外研版Module 8 Unit 1 I can hardly believe we're in the city centre.

设计指导:佛山市教研室 何润青;执教:佛山市顺德翁祐中学 石博

1. 课例背景

本课例为广东省2018年基础教育信息化融合创新示范培育推广项目《人工智能加持的英语掌握式教学模式创新研究》阶段性实施汇报会现场展示课。本节课以外研版八年级下册"Module 8 Unit 1 I can hardly believe we're in the city centre."为教学内容,本节课授课学生为佛山市南海区和顺二中八年级学生。

2. 教学内容

本课教学内容为外研版新课标初中英语八年级下册"Module 8 Unit 1 I can

hardly believe we're in the city centre."。本课以游览北海公园为话题，向我们展示了一个真实情景：玲玲以导游的身份带领托尼和大明游览北海公园，并对北海公园进行了简单的介绍。玲玲对北海公园的介绍比较简短，但她清楚地说出了北海公园的主要特征。托尼在游览过程中对公园的景致进行评价，同时对大明提出的活动建议表达了他自己的观点。本课旨在引导学生能够听懂有关旅行经历的对话，听力材料以"游园感受—介绍公园—文明游园—合理计划"为主线，引导学生在旅游观光之时，做文明游客。此外，从语言角度来说，学生通过听说活动，掌握介绍风景名胜等相关句型。从语法角度来说，本课涉及到的语法点为that引导的宾语从句。

3. 学情分析

本节课授课对象为佛山市南海区和顺二中八年级学生。学生们在七年级及八年级上学期已经接触过与旅游相关的话题的课文。本学期学生通过Module 6学习了基本句型，所以学生语言基础应该比较扎实，已经具备了相当的词汇和语言运用知识。对于学生来说，本课对话难度不大。

4. 教学思路

本节课以端午节为情境，引导学生分享端午节计划，并引发学生猜测Lingling和Tony等人的端午节活动。通过两部分听力内容来训练学生获取关键信息的能力。听后环节中，引导学生归纳出听力材料要点及相关宾语从句句型。了解相关知识后，学生依据情境为美国友人介绍风景名胜。学生通过小组合作准备"导游词"的活动，熟练掌握本课宾语从句句型，提升学生思维品质。

5. 教学目标

（1）语言能力

学生能够认知关于游览北海公园话题的相关词汇和短语（hardly，sights，waste，thirsty；point out，at the top of，take up），能够理解玲玲、托尼、大明三人在北海公园观光时描述公园景色、表达个人观点、提出个人意见的对话。

（2）文化意识

能够加深学生对风景名胜的了解，能够增强学生热爱旅游胜地，做文明游客的意识。

（3）思维品质

学生通过听力训练来获取对话中的关键信息、细节信息，训练思维的深刻性；学生通过语境，结合本课所学知识，介绍本土景点，训练思维的灵活性、准确性。

（4）学习能力

学生能积极参与小组合作（debate，discuss，share in groups）；能归纳出对话中关键信息：描述公园景色的词汇和公园的活动；重点句型：给予评价、表达观点、提出建议的句型（I believe...，I am sure...，I think...）。能结合语境，将习得知识迁移到自身表达观点、给予评价、提出建议中，并用来介绍佛山的风景名胜。

6. 教学过程

表14-1-1　教学概况

教学环节	教师活动	学生活动	活动目的	用时mins
Step1：Lead-in	1. 自我介绍； 2. 与学生沟通，引导学生熟悉教师； 3. 展示本课学习任务：通过课文，了解介绍北海公园的方式；成为美国友人Jack的导游，帮助他介绍佛山的风景名胜	1. 与老师互动，了解老师； 2. 回答老师问题； 3. 了解本课学习任务，带着目标来学习本课	1. 认识学生，引导学生熟悉教师； 2. 调动学生学习热情，为下面活动的开展做好准备； 3. 引导学生熟知本课学习任务，以任务引领学生学习本课	4
	询问学生端午节计划： T：What are you going to do during the Dragon Boat Festival?	分享端午节计划		
Step 2：Pre-Listening	1. 猜测Lingling与Tony的端午节活动； 2. 听第一段材料，完成Listening 1； 3.（单词挑战）给学生布置基于人工智能学习平台的单词学习任务，引导学生学习单词发音；利用App为学生布置单词词义挑战游戏（图1）	听前猜对话内容；仔细阅读题目，为完成听力训练（选出关键信息）做准备；学生基于人工智能学习平台学习单词发音；学生依据自身对单词的认知，自愿参与单词挑战游戏——判断词义正误	训练学生获取听力材料大意的能力；2.（检测学生对新词汇的掌握情况）：运用人工智能学习平台的活动来调动学生积极性，并对学生词汇掌握情况进行检测	4

续 表

教学环节	教师活动	学生活动	活动目的	用时 mins
Step 3: While-listening	学生了解对话的人物及背景; 向学生展示北海公园照片; 引导学生对听力内容进行预测,并完成Listening 2	1. 学生根据图片描述北海公园; 2. 通过图片,预测听力内容	1. 训练学生获取关键信息的能力(听取人物对话中关于"how, what"等细节信息); 2. 听懂人物对话,理解表示建议、观点的宾语从句	8
Post-Listening	Step 4: Listen & read:运用人工智能学习平台,给学生布置朗读对话任务;展示学生学情数据(图2)	1.学生读记重点词汇; 2.学生基于人工智能学习平台朗读对话	1.巩固学生词汇学习; 2. 通过人工智能学习朗读对话,加深学生对课文的理解,掌握学生学情	11
	Step 5: Vote & debate: 1. 运用人工智能学习平台,引导学生对于问题: Which place is better to have their picnic? 进行投票; 2.运用课文中句型"I think…"等,表达自己的观点(图3)	1. 学生利用人工智能学习平台,对于课文中人物就餐地点进行投票; 2. 学生思考问题,运用课文中句型"I think…"等来表达自身观点	培养学生思辨能力,训练学生思维的灵活性与准确性	
	Step 6:(Group work) 1.(Summary)利用thinking map,归纳听力材料中介绍北海公园的方法; 2. 为学生介绍即将到北京、佛山游玩的美国友人Jack;给学生呈现图片,引导学生运用课文中的句子,为美国友人Jack介绍北京的风景名胜——北海公园; 3.(Group work) 结合Jack来佛山的情景,引导学生根据实际情况合作讨论,为Jack 到佛山旅游准备导游词	1.(小组合作)归纳出介绍北海公园的要点、句型; 2. 学生根据图片及课文,用所归纳的短语及句型(I think/am sure/ hope/ believe…)等,复述课文; 3.依据情景与实际情况,用所学句型介绍佛山的著名景点,为Jack 端午节期间来佛山旅游做好导游准备	1. 依据对话内容,感知宾语从句的用法; 2. 通过情景,培养学生的语用意识; 3. 通过课文复述,强化学生对课文的理解,为下面语言输出活动做好准备; 4. 学生结合情景,通过"导游词",来掌握重点句型的用法	8

续 表

教学 环节	教师活动	学生活动	活动目的	用时 mins
Post- Listening	根据课文，询问学生： When we go sightseeing, whose advice should we follow? 呈现不文明行为，引导学 生树立正确的旅行意识	学生思考问题，意 识到"文明旅游" 的重要意义	培养学生热爱旅游 胜地，做文明游客 的意识	2
Step 7： Summary	引导学生总结本课所掌握 的知识； 基于人工智能学习平台， 引导学生对于课题知识掌 握情况进行自我评价	1.归纳本课所学知识； 2. 学生聆听同伴及 教师评价； 3. 运用人工智能 学习平台进行自我 评价	培养学生善于归纳 的能力；引导学生 了解自身学情，并 总结好本节课自我 表现、小组表现	3
Home- work	引导学生完成"自我评价 表"，并给小组同学介绍 自己所喜欢的地点	学生课后完成"自 我评价表"； 与同学分享自己所 喜爱的地点	巩固本课所学知识， 学会运用宾语从句给 予评价、表达观点等	

图14-1-8　单词挑战

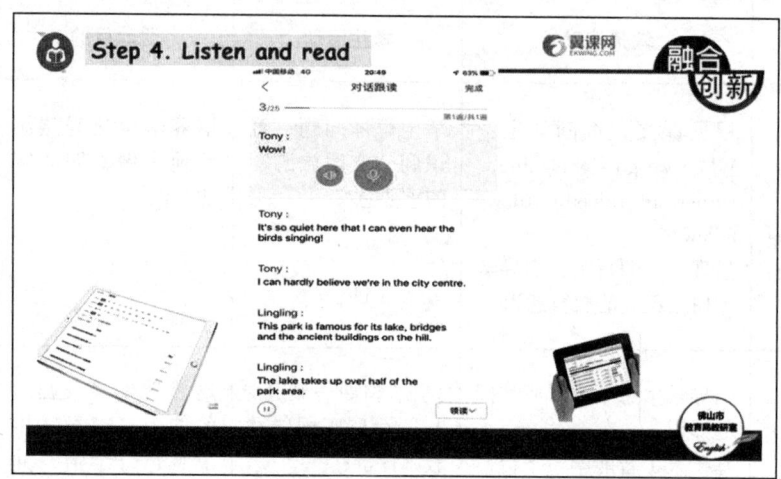

图14-1-9 听读课文

图14-1-10 投票

7. 教学重难点

（1）学习重点

听懂关于游览北海公园的对话，并根据对话内容提示，说出介绍北海公园的句子；感知宾语从句的用法：表达观点、提出建议、给予评价。

（2）学习难点

在语境中能正确运用宾语从句，提出建议、表达观点、给予评价。

8. 教学用具

希沃App、ppt、黑板、粉笔、人工智能学习App、平板电脑。

9. 板书设计

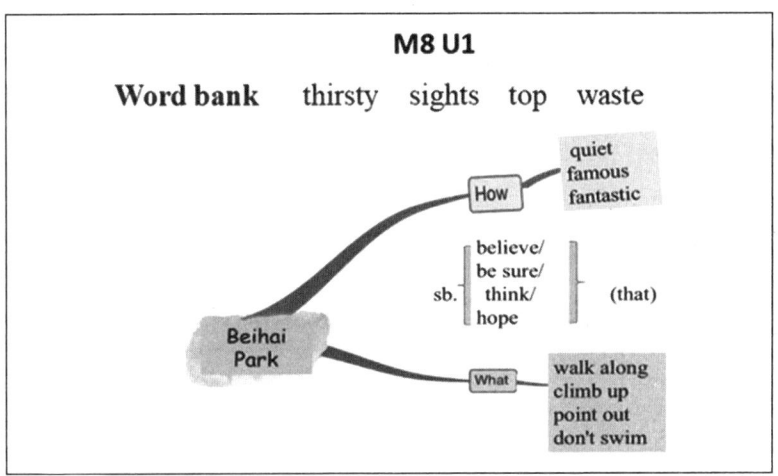

图14-1-11　板书设计

【评析】

通过本节课，我们可以发现基于人工智能学习平台（以下简称"平台"）开展的英语课堂具有诸多特色，主要体现在以下几方面：

1. 利于教师精确掌握学情

本课利用"平台"记录学生学习数据，如：读记词语、听力练习、听读课文，及时反馈学情数据，并进行分析和诊断，便于教师准确掌握学情，更精准地提升学生能力。

2. 利于提升课堂趣味性

本课利用"平台"，制作单词pk游戏，充分激发学生学习英语词汇的热情，增强课堂趣味性，引导学生在掌握新词汇的同时，更加积极地投入到本课学习过程中。基于"平台"，设计投票环节，引导学生独立思考，积极参与关于"就餐地点"的讨论。基于"平台"的英语课堂教学活动，摆脱了传统课堂活动的枯燥、乏味。学生不仅学到了关于本话题的词汇、句型（宾语从句），也能通过丰富的课堂活动，来感受英语学习的魅力。

3. 利于激发学生的学习动机

信息技术给学生们提供了更广的活动天地，给予了学生们更多英语表达的机会。基于"平台"的英语课堂，信息技术带来了有别于传统课堂的教学活动，给学生提供了亲切、真实的学习情景，学生的学习动机发生了积极的变化，学生能更加积极地自信地参与英语的学习活动。

第二节 阅读教学模式

一、基于人工智能学习平台开展的七年级英语读写教学案例1

课型：读写课

教学内容：外研版七上Module 4 Unit 2 Is your food and drink healthy?

设计指导：佛山市教研室 何润青；执教：佛山华英学校 钱庆华

1. 课例背景

本课例为2018年广东省教育厅举办的初中英语与信息技术深度融合专题网络教研活动"同一堂课·走进佛山"现场展示课。本课例以外研版七年级上册"Module 4 Unit 2 Is your food and drink healthy? "为教学内容，授课学生为佛山市华英学校七年级学生。

2. 教材分析

本单元以"healthy food and drink"为主线，通过让学生阅读一篇关于儿童健康饮食的宣传稿，引起学生对健康饮食的思考。

本单元由浅入深，主要有以下几个部分：单元任务的呈现、快速浏览找出文章的大意、二次阅读对食品和饮品进行健康与非健康的分类、以及对健康饮食的批判思考与任务输出。

本单元话题的主要功能为选择健康的食物和饮品，任务输出是为俄罗斯学生Yuri修改美食菜单，运用到"too much/many，be good/bad for，healthy/unhealthy"等核心词汇，并设计对健康饮食的批判思考。

3. 教学目标

基于教学材料的分析，本课的教学目标如下：

（1）语言能力

全体学生能够读懂关于儿童健康饮食的宣传稿，提取文章的主旨大意和关键信息，把文中的食物和饮料分为健康与不健康两类；

80%的学生能够运用本课所学的知识，修改为Yuri准备的菜单，并运用本课的核心词汇，如：too much/many，be good/bad for，healthy/unhealthy等等，口头说明修改的理由。

（2）学习能力

80%学生能够运用阅读策略（skimming and scanning），提取主旨大意和关键信息。

（3）文化意识

全体学生通过了解健康的食品和饮品，以及推荐健康的食品和饮品，培养健康饮食的意识。

（4）思维能力

80%学生能够在老师的引导下，辨析和判断文章关于健康饮食的观点的价值，并形成自己对于健康饮食的观点。

4. 课时任务

任务情景：俄罗斯交流生Yuri看了学生设计的菜单后，非常希望能够尝试所有的菜肴，但是他正在减肥，他对菜式的搭配有点担心，希望学生能够对菜单进行调整，使他能够吃到既健康又美味的佛山美食。学生需要对现有菜单进行调整，使其更加健康，并向Yuri说明修改的理由。

任务行为：了解健康的饮食搭配，展示健康美食的菜单，向Yuri说明修改的理由。

任务成果：修改好的健康美食菜单。

5. 教学过程

本课的教学过程分为课前、课中以及课后，教学过程如下。

【课前】预习与学情分析

9月28日前：学生熟悉人工智能学习平台操作。

9月28日下午：a.教师见学生，了解学生对健康饮食和佛山美食的了解情况（问卷调查和现场提问）。b.学生上网完成课前学习（A—C）c.任务引入：为正在减肥的Yuri修改菜单，使其能够品尝到健康又美味的佛山美食。

9月28日晚上：教师分析学生课前学习数据。

（设计意图：教师利用人工智能学习平台，让学生进行课前自主预习，为接下来的教学活动进行语言准备。从平台收集的学生学习数据中教师发现学生对于some/any后跟名词的数的掌握不牢固，因此制定本课的其中一个教学重点为在语境中正确运用名词的数。）

【课中】教学的开展

Step 1：预习检查与反馈

教师根据课前学习反馈数据引导教学，重点点评课前预习得分率比较低的题目，学生通过听老师的点评，重做错题，反思自己的课前学习。

（设计意图：通过重现和点评学生的错题，突破本课重点：在语境中正确运用名词的数。同时，引导学生反思，发展学习能力素养。）

Step 2：任务呈现

教师呈现学校为俄罗斯交流生Yuri设计的菜谱，引导学生思考菜谱是否健康，并呈现本课的任务：为正在减肥的Yuri修改菜谱，使其能够品尝到健康又美味的佛山美食。

（设计意图：通过创设情境和真实的语言任务，让学生们能够用本课所学的知识解决实际问题。）

Step 3：师生讨论任务情景：

我们的菜单里面的菜肴成分大部分都是健康的，佛山菜也是以健康而著名，但是为什么Yuri会觉得不健康？我们应该如何修改现有的菜单？教师引导学生阅读课文，尝试寻找能够帮助自己解决问题的信息。

（设计意图：引导学生思考原有菜单的问题所在，激发学生阅读课文的兴趣。）

Step 4：阅读活动一

教师让学生在1分钟之内浏览课文，获取文章主旨大意，并思考文章信息的是否适合自己，能否帮助自己为Yuri修改现有的菜单。教师引导学生说出快速获取文章主旨大意的方法—看文章的标题。

（**设计意图**：让学生学会借助文章标题判断文章大意和文章内容是否适用于自己的情况。）

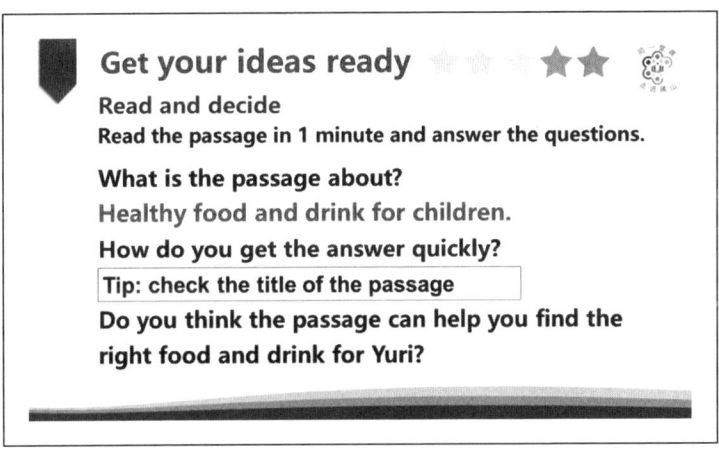

图14-2-1　阅读活动一

Step 5：阅读活动二（Activity 3）

学生在4分钟之内细读课文，获取文章的关键信息，并将文章所列举的食品和饮料按"healthy"和"unhealthy"进行分类，然后思考为什么作者认为它们是健康或不健康的。老师在学生完成任务后将学生的分类结果板书在黑板上，并询问学生判断的理由，然后引导学生说出快速获取关键信息的方法—找关键词。

（**设计意图**：让学生学会利用关键词获取文章的关键信息，并思考判断食品和饮料健康或不健康的理由。）

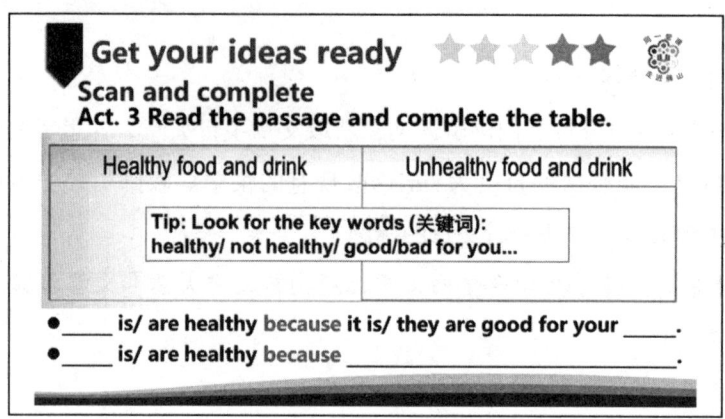

图14-2-2 阅读活动二

Step 6：读后思考

教师引导学生进行读后思考和讨论：

（1）可乐和糖果对我们有害，那么我们还能够喝可乐和吃糖果吗？为什么？教师引导思考判断饮食是否健康的第一个标准——是否过量。

（2）汉堡包的成分都是健康的，为什么大家都说汉堡包不健康？教师引导学生思考判断饮食是否健康的其他标准—有没有均衡的搭配；烹调方法是否健康。

（3）教师引导学生再次审查现有的菜单上的菜肴、饮品和甜品，发现存在的问题：肉类过多、缺乏蔬菜，没有水果；含糖量高等等。

（**设计意图**：让学生辨析和判断文章关于健康饮食的观点的价值，并形成自己对于健康饮食的观点，锻炼学生的思维能力，并为完成任务作准备。）

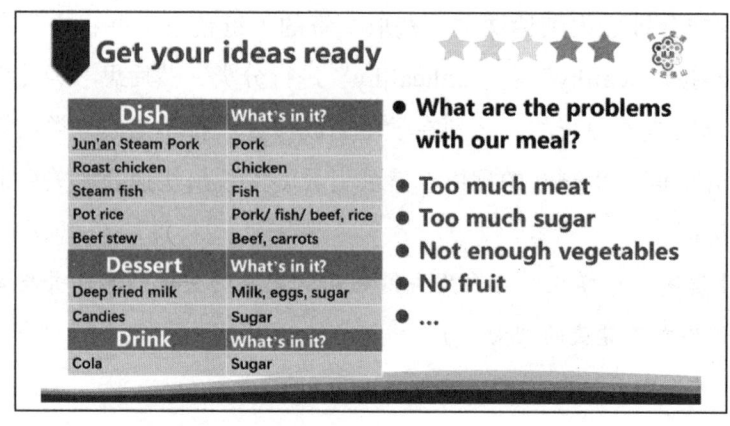

图14-2-3 读后思考

Step 7：运用实践

教师让学生4人组成小组，重新选择和搭配菜肴、饮品和甜品，修改现有的菜单并思考修改的理由，准备作口头汇报。学生完成任务后，教师将学生任务成果拍照，利用信息技术投影到一体机上，让学生分小组派代表进行展示；学生按照是否健康、理由是非充分、表达是否流畅自信等标准进行评分，然后在人工智能学习平台上进行投票，选出最佳小组。师生讨论：为什么最佳？这节课学到了什么？

（**设计意图**：让学生学以致用，在真实的任务中发展学生语言能力和学习能力。给学生展示的机会，引导反思，发展相关素养。）

图14-2-4　学生根据评价标准选出"我最喜爱的菜单"

【课后】巩固与提升

教师布置学生把修改好的菜单通过Wechat发给Yuri，并编辑一条短信说明修改的理由。另外，教师布置学生完成人工智能学习平台阅读练习2篇和词汇练习。

（**设计意图**：指向真实生活，发展相关素养。同时，利用人工智能学习平台布置作业，学生在完成后会得到即时的数据反馈，而且可以选择再次做题，进行个性化的提升。而此次练习结果的发布又为教师提供了新一轮的数据，以便教师和课前预习的数据进行一个对比，总结教学成果，调整下一步的授课活动。）

【评析】

通过本课例，我们可以发现信息技术与英语教学的深度融合为课堂提供了不少助力，主要体现在以下几方面：

1. 信息化教学手段的应用和效果

第一，在词汇的教学上，本课能够利用人工智能学习平台的课前跟读单词、听写单词和词语填空等练习，让学生全体参与，对目标词汇进行有效的预习，使课堂教与学的活动更加流畅，逻辑更加紧密，并为学生思维能力的培养节约了时间。同时，通过分析人工智能学习平台所提供的关于学生学习的数据，能够精准定位学生对目标词汇的掌握存在的普遍问题。教师能够通过导入数据，在课中设计有针对性的课堂活动，对学生普遍存在的问题进行分析和纠正，并巩固目标词汇的掌握，尤其是普遍存在错误的词汇和语法，如：tooth的读音和hamburgers的复数用法，使课堂变得更加高效和有针对性，实现精准教学。

第二，在完成任务的过程中，学生不知道的单词可以根据需要查网络词典，为学生任务的达成提供了帮助。

2. 应用信息化教学手段引起的反思

第一，虽然教师利用关于学生学习情况的数据，精准定位出学生存在的普遍问题。但是，忽略了人工智能学习平台能够提供的全国学生的大数据，对学生在学习过程中暴露的问题挖掘得还不够深入。例如，大数据反映，some后接名词的用法对全国学生来说是一个难点，那么教师可以引导学生查some，发现some并不是复数标识，既可以说some hamburgers，也可以说some water。

第二，在布置作业方面，可以引导学生根据自己的学习数据，有针对性地选择作业。如，在课堂中如果学生在判断文章的主旨大意方面比较弱，可以在课后利用人工智能学习平台的选题系统，专门找判断文章主旨大意的题目作为作业，老师可以考虑只布置作业的时间和作业的量，让学生对作业的内容进行自主选择，那么作业的布置将会更加个性化、更加精准和有效。

3. 信息化教学手段的创新点和效果思考

在课堂中，教师能够利用信息化技术把学生作品上传，让学生能够即时基于评价标准评价自己和他人的作品，使课堂评价更加直观、及时和有效。同时，人工智能学习平台加持语言能力的发展已经相对成熟，下阶段可思考能否利用和如何利用人工智能学习平台加持品格和思维能力的发展。

二、基于人工智能学习平台开展的八年级英语读写教学案例2

课型：读写课

教学内容：外研版八下Module 5 Unit 2 Tintin has been popular for over eighty years.

设计指导：佛山市教研室　何润青；执教：佛山市华英学校　陈碧昆

1. 课例背景

2018年3月23日至24日，由中国教育技术协会中小学外语教育信息化应用工作委员会和北京师范大学外国语言文学学院联合主办的"第二届英语教育信息化应用名师优课展示研讨会（初中）"在广东省佛山市举行。本课例以外研版八年级下册"Module 5 Unit 2 Tintin has been popular for over eighty years."为教学内容，授课学生为佛山市华英学校八年级学生。本课例是一堂"互联网+"混合式英语阅读课，在专家以及教研员的指导下，经过多次打磨，收到了良好的教学效果。

2. 教材分析

本单元以"cartoon heroes"为中心话题。本堂课的课型是阅读课，文本介绍了几个受欢迎的卡通人物，包括美猴王、史瑞克、尼莫、丁丁和史努比等，这些形象大都是学生熟悉和喜爱的。从内容和结构上看，文本语言细致，脉络清晰。通过对本篇阅读材料的分析、解构，可以帮助学生提炼出介绍卡通人物的文本框架，同时逐步让学生在获取信息、整合信息、归纳信息、分辨观点与事实等方面得到有效训练，最后通过有效的输出任务帮助学生实现知识与能力的迁移。

3. 教学目标

基于教学材料的分析，本课的教学目标如下：

（1）语言能力

① 能理解并掌握目标语言的用法（win the hearts of，lead...against，make a mess，expect to do，ever since，satisfy）。

② 能读懂以卡通人物为主题的短文并提取相关信息。

（2）思维品质

通过文本分析，辨别观点并找出与其对应的事实论据。

（3）学习能力

①能借助思维导图，运用所学知识，完成口头表述任务。

②能借助互联网，及时调整学习策略。

（4）文化意识

通过了解文中卡通人物，感受卡通人物背后的文化信息。

4. 课时任务

任务情景：最近华英学校将有一批来自英国姊妹学校的学生到访，他们将和学校的动漫社进行友好交流，希望了解中国的经典动漫文化。

任务行为：阅读动漫人物介绍的材料，了解写作元素。

任务成果：向到访学生介绍自己最喜爱的中国经典动漫形象，传播中华文化。

5. 教学过程

本课的教学过程分为课前、课中以及课后，教学过程如下：

【课前】预习与学情分析

3月10日培训学生使用网络学习平台；3月15日学生在网络学习平台的课时完成：a.配套单词跟读与填空；b.配套话题下的阅读训练；教师分析学生课前学习成果。

（设计意图：教师利用人工智能学习平台，让学生进行课前自主预习，为接下来的教学进行语言准备。从平台收集的学生学习数据，教师发现学生未能掌握部分词汇的用法，因此制定本课的其中一个教学环节为在语境中理解重点词汇。）

【课中】教学的开展

Step 1：任务呈现

教师通过爱剪辑软件制作了一段视频，视频中介绍了课文涉及的几个卡通人物形象及相关动画片段，从而引出本课的主题。发起"我最喜爱的卡通人物"投票活动，初步了解学生对这几个卡通人物的认知情况。

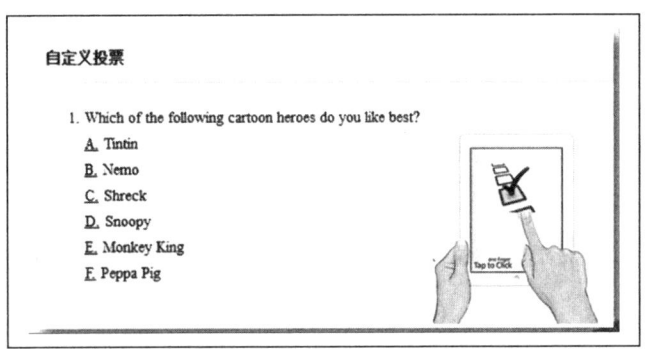

图14-2-5 学生投票页面

（**设计意图**：直接将视频内容与教学内容相连接，在视频播完后再进行问卷调查。通过卡通视频的引入，激发学生对本课介绍的卡通人物的兴趣，并且通过人工智能学习平台"智慧课堂"的投票功能，了解最受学生欢迎的卡通人物及学生对课文中卡通人物的熟悉程度。）

Step 2：细节阅读

教师带领学生通过扫读和跳读的方式，快速找出阅读材料中有多少个卡通人物，在课文材料中找出描述各个卡通人物的外貌及行为的句子，并进行归类整理。

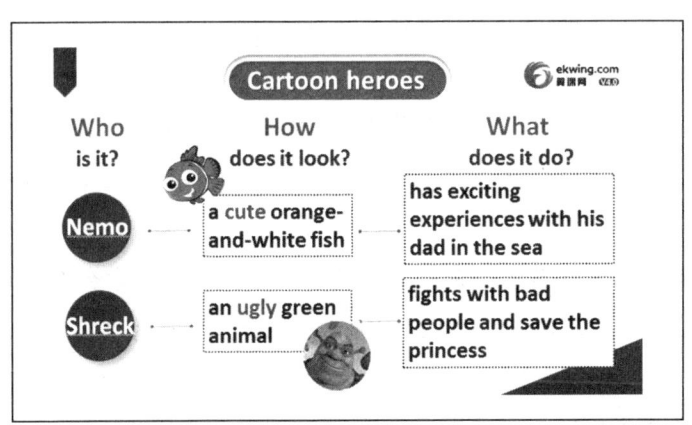

图14-2-6 卡通人物信息整理

教师协助学生梳理文本材料的同时，通过追问的方式，检测学生对文中重点词汇的理解和掌握情况，如：

Q1：Is Nemo lovely or not？（目标检测词：cute）

Q2：Is Shrek a handsome prince？（目标检测词：ugly）

Q3：Who is the head of the monkeys？（目标检测词：lead）

Q4：Is the Emperor of Heaven a friend of Monkey King？（目标检测词：against）

Q5：Why is the Emperor of Heaven angry with Monkey King？（目标检测词：make a mess）

Q6：Does Snoopy like playing with friends or staying alone？（目标检测词：private）

（设计意图：引导学生通过快速阅读，初步了解本文涉及的五位卡通人物，并对其信息进行分类整理，旨在向学生渗透阅读策略，进而帮助学生梳理文章的写作脉络，为后面的口头作文做好铺垫。）

Step 3：主旨阅读——（Activity 4）

教师引导学生重读课文材料，并使用网络学习平台进行Activity 4的练习：选出能概括课文主旨的选项。

（设计意图：通过在人工智能学习平台完成对应练习的方式，教师可以检测学生归纳文本大意的能力，并利用平台大数据的即时反馈，了解学生的答题情况，调整习题点拨的内容，提高课堂实效性。）

Step 4：观点与事实

承接Step 3的课文主旨题，教师指出本课关于卡通人物的关键词"popular"，让学生从课文材料中找出描述这些卡通人物受欢迎的事实论据，在点评学生回答的环节中帮助学生辨别关于事实与观点的表述。

（设计意图：本环节的目的是以语篇为依托，让学生学会在阅读文本中分辨事实与观点，深入挖掘文本内涵的同时，培养了学生的思维品质，为后面的口头表达做好铺垫。）

Step 5：口头表达

教师引导学生梳理课文，提炼出介绍卡通人物的口头表达提纲（图14-2-7），并从"介绍受欢迎的卡通人物"迁移到"介绍我最喜爱的卡通人物"，引出本课的口头表达任务：向英国姊妹学校的到访学生介绍自己最喜爱的中国经典卡

通人物，传播中华文化。在学生组织口头表达的材料前，教师展示口头表述
评价量表（图14-2-8），引导学生从内容、逻辑、流利度和准确度四个方面来
评价自己和同学的口头表达，并通过人工智能学习平台的投票功能，评选出
班级的最优展示。

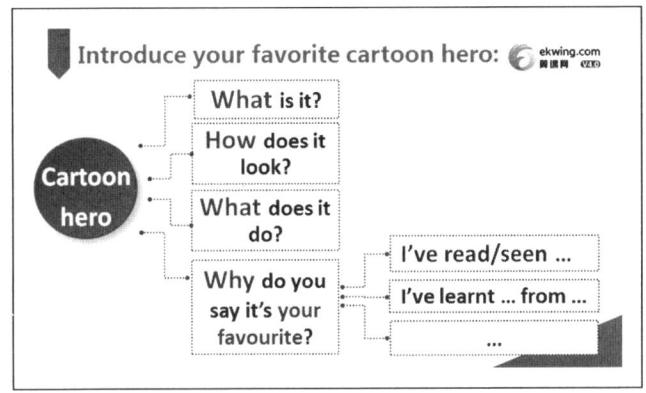

图14-2-7　口头表达提纲

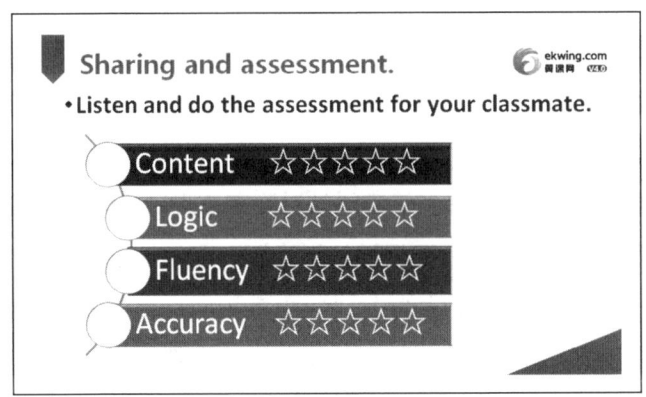

图14-2-8　口头表述评价量表

（**设计意图**：本环节是本课的输出环节，也是学生对所学知识的迁移和创
新。借助思维导图，引导学生进行拓展性思考，从课文中受欢迎的卡通人物的
介绍延伸到自身喜爱的卡通人物的描述，完成了口头作文的篇章建构，同时也
是对开头投票选最喜爱卡通人物环节的主题回扣。评价环节提供了完整的评价
标准，引导学生从四个维度审视自己和同学的口头作文表达，有效地引导学生

按照评价标准策划与组织输出任务。而最后的网络投票环节，增加学生的参与度，同时通过分享和相互学习，加深对本国文化的了解，提升文化自信。）

【课后】巩固与提升

教师利用人工智能学习平台智能题库布置作业：课文跟读、同主题阅读两篇、趣味配音等；学生利用网络搜索更多关于中国动漫发展史的资料，为下一节的语言应用课做准备。

（设计意图：巩固本课所学知识，同时引导学生关注和了解中国动漫发展，加强文化认同，提升民族自豪感。）

【评析】

1. 充分体现学生主体地位

这节课从设计，到实施，再到课后后续的任务安排，较充分地体现了新课标所倡导的学生"主体地位"，注重学生的学习过程，尽量让学生有充足的阅读时间去感知、理解文本，激发和保护学生的阅读兴趣。学生在教师的引导、支持下，有效地完成了对阅读文本的分析。又在教师的指点下，对文本脉络进行了梳理，并归纳总结出文本的框架，最后搭建成口头表达的脚手架，较好地完成了输出任务；学生在获取信息、整合信息、处理信息等方面，进行了有效的交流，在综合语言运用能力得到进一步提升的同时，接受了分辨观点与事实的思维训练。

2. 教学材料的重组和增加，使教学的过程有序呈现，学生更易于接受

为了达成教学目标，教师把教材的阅读填空改为信息分类归纳，从教材的主旨大意中深挖文本内涵，帮助学生进行思维拓展，在材料和教学过程的编排顺序上，体现由浅入深、由简到繁、循序渐进的原则，教学内容又紧贴卡通主题，让学生更顺利地完成知识迁移。

3. 本课创新之处还在于利用智能学习平台恰到好处地处理了三个教学环节

一是导入的投票环节，唤起了学生的学习兴趣和欲望；二是阅读主旨大意环节，教师利用平台大数据的即时反馈，反时呈现学生的答题情况，实现了对学生个体学习进度、正确率等情况的快速知悉，大大缩减了教师的"教学盲区"，有利于老师点拨学生的思维错位，真正实现"关注每个学生"；三是语言输出环节，再次利用平台的投票功能，增强学生参与活动的积极性。三个教学环节的处理，大大体现了"互联网+"环境下利用数据进行精准教学的必要性。

三、基于人工智能学习平台开展的初一英语阅读教学案例分析3

课型：阅读课

教学内容：外研版七下Module 10 Unit 2 This morning we took a walk.

设计指导：佛山市教研室　何润青；执教：南海区里水镇和顺第二初级中学　梁颖欣。

1. 课例背景

本课例为2018年广东省教育厅举办的《人工智能加持的英语掌握式教学模式创新研究》子项目实施培训和英语融合创新课例现场展示课。本课例以外研版七年级下册"Module 10 Unit 2 This morning we took a walk."为教学内容，授课学生为南海区和顺二中初一5班学生。

2. 教材分析

本单元以"holiday journey"为话题主线，通过Betty和Jenny去法国游玩的经历引起学生对自己假期旅游的思考。

本单元由表入里，教学内容层层递进，主要有以下几部分：话题与词汇的导入、掌握一般过去式的用法、运用Time-line完成任务输出。

本单元话题的主要功能为旅游，任务输出是完成一个Task：Share your May day holiday with Michael，运用一般过去时和时间轴描述自己五一假期的经历。

3. 教学目标

基于教学材料的分析，本课的教学目标如下：

（1）语言能力

① 全体学生能够通过图片观察预测文中主人公Betty的假期旅行目的地，并能够读懂关于假期旅行的文章，运用阅读策略，提取关键信息。

② 80%的学生能够通过Betty对假期旅行的描述，从而学会如何描述别人的假期。

③ 80%的学生能够掌握文中词汇形式，基本掌握一般过去时的动词变化规

律，掌握和一般过去时相关的时间状语，比如yesterday，this afternoon等等。

（2）学习能力

50%的学生能够运用分类策略记忆大量关于世界或者中国著名景点的词汇，并且运用到描述自己的五一假期任务中。

（3）文化意识

全体学生通过体验和分享旅行的快乐，培养对不同文化的兴趣以及热爱生活、积极乐观的生活态度。

4. 课时任务

任务情景：我校外教Michael第一年来到中国，刚好碰上五一假期，他不知道有什么特别值得游玩的地方，因此外教想问问同学们的五一假期都去什么地方旅游了，有什么好玩的地方可以推荐。

任务行为：根据自己五一假期的经历和外教分享，完成本单元口头作文任务。

任务成果：为Michael挑选出一个最值得推荐的地方去游玩。

5. 教学过程

本课的教学过程分为课前、课中以及课后，教学过程如下：

【课前】预习与学情分析

5月15日培训学生使用网络学习平台；5月16日学生在网络学习平台的课时完成：a.配套单词跟读与填空；b.了解巴黎名胜，跟读课文中出现的巴黎地标的名字；5月17日教师分析学生课前学习成果。

（设计意图：教师利用人工智能学习平台，让学生进行课前自主预习，为接下来的教学进行语言准备。从平台收集的学生学习数据，教师发现学生对于名词的数的掌握不牢固，因此制定本课的其中一个教学重难点为在语境中正确运用名词的数。）

【课中】教学的开展

Step 1：任务呈现

1. 给出外教的图片引起学生的兴趣，讲述外教对他们的五一假期经历很感兴趣，从而引入本节课任务是和外教分享自己的五一假期。

2. 给出完成总任务的to do list，根据list去逐个解决问题，最终达成任务。

[设计意图：引起学生的学习兴趣，导入话题，为下面的阅读任务进行词汇准备。（指向语言能力）]

Step 2：预习检查与反馈

教师呈现课前预习数据，表扬通过反复练习不断提升语言掌握准确度的学生，并且指出学生集中的错误进行纠正，为接下来的语言输出进行语言准备。

Step 3：读前准备

1.看图片回答问题，预测文中Betty的假期旅行目的地。

2.展示巴黎名胜的图片，让学生谈谈他们对这些地方的了解。

[设计意图：为任务进行准备。（指向语言能力、思维品质）]

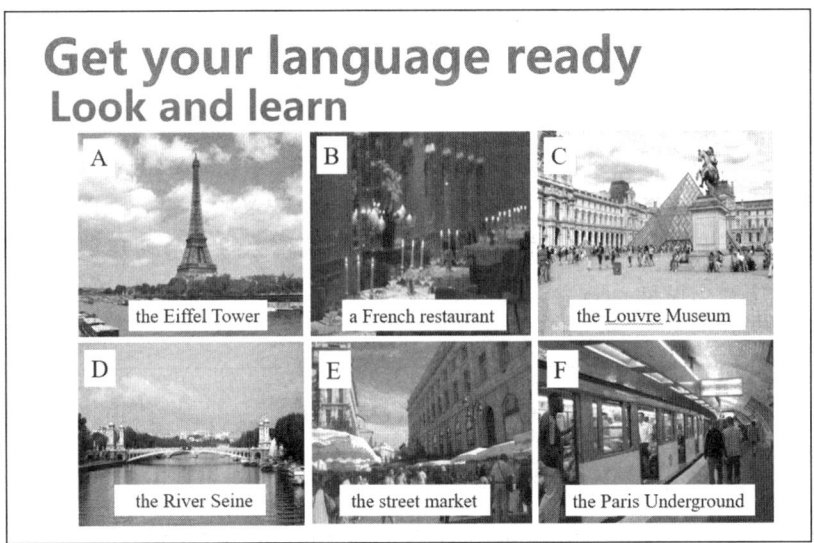

图14-2-9　巴黎名胜图片和词汇

Step 4：读中活动一

通过图片在文章当中出现的顺序来排序。

（设计意图：使学生理解段落大意和文章结构，理清段落之间的逻辑关系。）

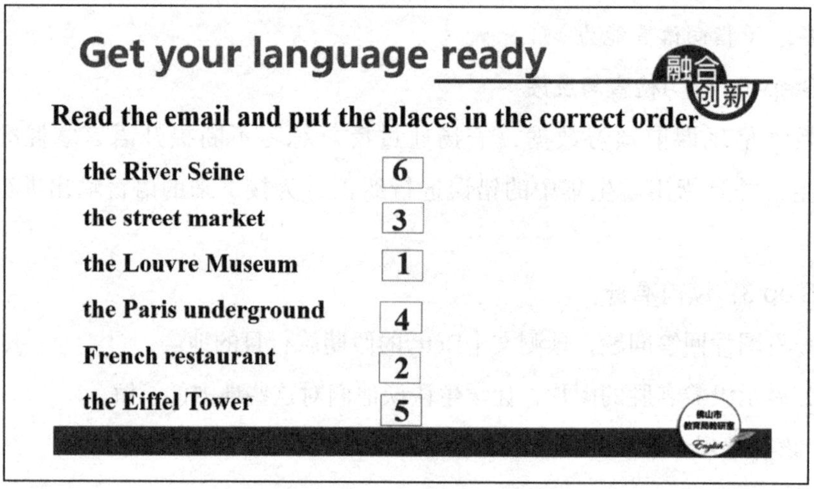

Get your language ready

融合创新

Read the email and put the places in the correct order

the River Seine	6
the street market	3
the Louvre Museum	1
the Paris underground	4
French restaurant	2
the Eiffel Tower	5

图14-2-10 排序

Step 5：读中活动二

阅读课文，完成Act.1 Read the email and check（√）the true sentences.和 Act.3 Answer the questions.。

（**设计意图**：加深学生对课文主人翁去巴黎旅游的经历的理解和印象，为下一步学生填写时间轴打好基础。）

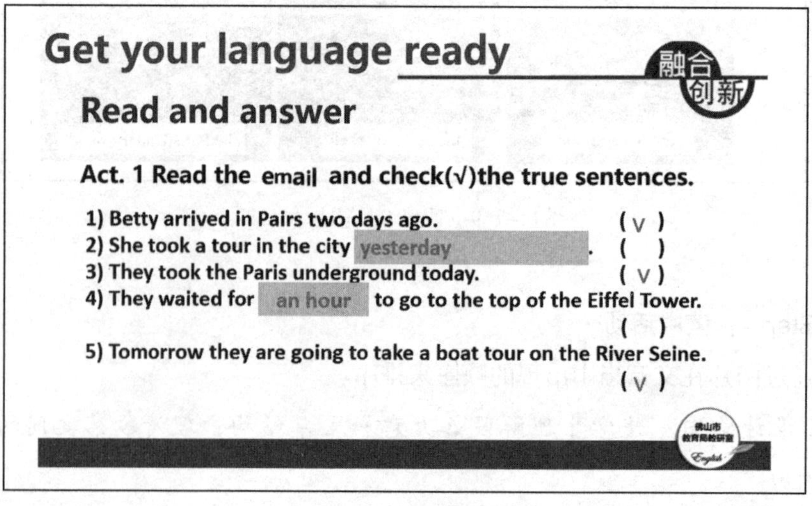

Get your language ready
Read and answer

融合创新

Act. 1 Read the email and check(√)the true sentences.

1) Betty arrived in Pairs two days ago. (√)
2) She took a tour in the city yesterday. ( )
3) They took the Paris underground today. (√)
4) They waited for an hour to go to the top of the Eiffel Tower. ( )
5) Tomorrow they are going to take a boat tour on the River Seine. (√)

图14-2-11 读中活动二

Step 6：读中活动三

阅读课文完成导学案上的时间轴填空。

［**设计意图**：引导学生层层深入解读语篇、概括语篇，培养学生提取信息的能力。（指向语言能力）］

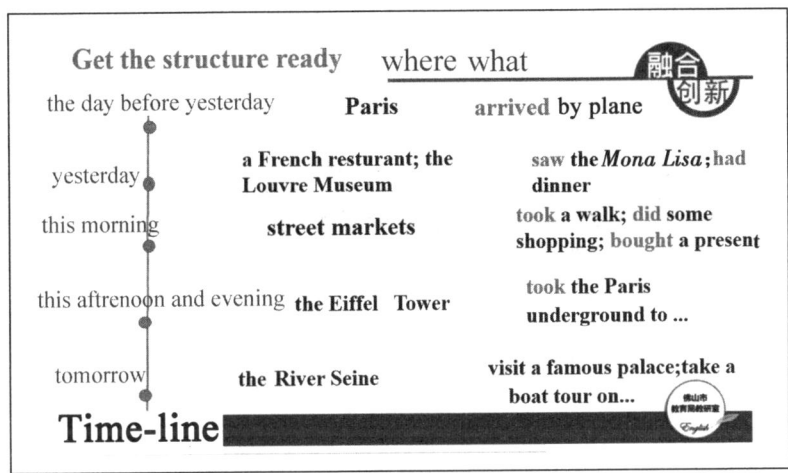

图14-2-12　读中的时间轴填空

Step 7：阅读的自主评价

教师展示评价量表，提醒学生如何进行评价，并让学生登录平台进行自我评价。

（**设计意图**：提高学生的自主评价能力和意识。）

Evaluate your reading

Items	tick(√)
I can understand the new words in the passage	★
I can understand Betty's holiday(when/where/what)	★
I am interested in France after reading Betty's e-mail	★
What makes it difficult	☐ Vocabulary ☐ Sentences ☐ Grammar ☐ Structure

图14-2-13　阅读的自主评价

Step 8：复述课文和自主评价

1. 复述之前将量表给学生（发音、流利程度、自信）。

2. 根据上一步骤完成的Time-line和量表来进行故事复述。

（设计意图：搭建描述任务的脚手架，为任务进行结构上的准备。）

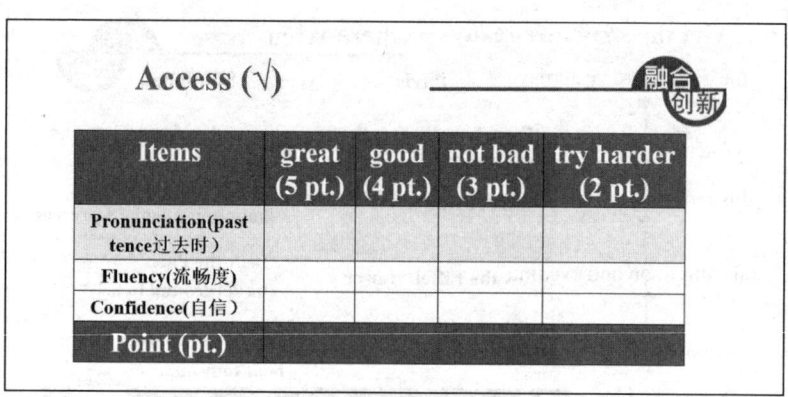

图14-2-14　课文复述的自主评价

Step 9：口头作文

根据思维导图（what/when/where/ how/how long/who）进行小组讨论，展现口头作文。

（设计意图：参照课文Betty的假期里面的Time-line和思维导图进行实际运用解决总任务。）

【课后】巩固与提升

教师利用人工智能学习平台智能题库布置作业：课文跟读，同主题阅读两篇、趣味配音等。学生完成和外教Michael分享自己的五一假期的作文，并且带到下一堂课继续使用。

（设计意图：人工智能学习平台方便教师收发作业，并且省去统计、批改的麻烦。教师能够将更多的精力放在学生掌握情况上，并且能根据学生掌握情况及时开展分层教学、重难点答疑等，提高学生掌握程度。）

【评析】

通过本课例，我们可以发现信息技术与英语教学的深度融合为课堂带来了更多的可能性，主要体现在以下几方面：

1. 提高学生学习积极性

本课例,大部分学生可以在课前使用人工智能进行词汇的跟读和理解,在课中运用自主评价量表来有目的性地提高自己的英语学习兴趣,课后也能继续使用人工智能帮自己的写作进行打分,提高了写作积极性,减轻了教师的负担。

2. 课堂教学活动设计呈发散性

学生不像以往那样完全从教师身上获取知识,他们可以通过人工智能进行自主知识的获得,线上的学习资源更加丰富。当然,这节课的课堂教学活动形式还可以更多样,不一定只用课本上的活动,可以加入小游戏结合巴黎名胜的方式,使课前阅读环节更有趣;也可以考虑在课中阅读环节加入消音视频,让学生在复述课文环节中好像身临其境,加深对课文的理解和记忆。

第三节　写作教学模式

一、基于人工智能学习平台的七年级英语写作教学案例1

课型:写作课

教学内容:英语学习平台"翼课网"—智能题库—写作—课标话题—语言学习—2014年泰安市中考英语真题

设计指导:佛山市教研室　何润青;执教:佛山市第三中学初中部　陈云英

1. 课例背景

2018—2019学年度春季学期开始,陈老师在人工智能学习平台"智能写作批改系统"的辅助下，仅在开学一个月的时间里，所带班级的学生写作数量达到了惊人的15篇，平均每两天1篇。学生在智能平台上乐于写作，且成效显著，使陈老师重新开始了写作教学模式的探索。

基于初始几次的写作教学数据分析，人工智能学习平台智能反馈：陈老师所带班级学生的语言基础相对较好，但"内容结构"上连续低分（下图显示34%）。在思考这个问题的同时，如何引导学生精选写作内容，搭建写作结构，成为本次教学活动的目标。

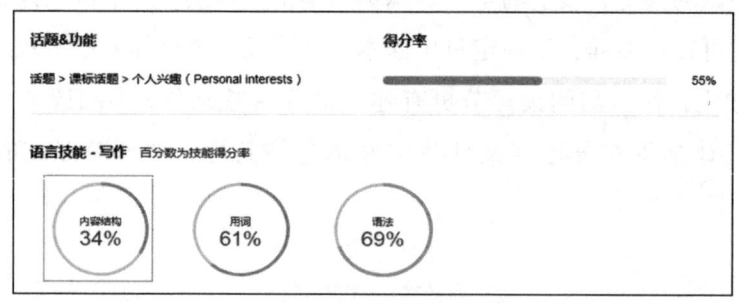

图14-3-1　学生学情分析

2. 教材分析

写作题目要求学生以"李明"的身份，回复美国笔友Tony发来的E-mail。回邮的主题是分享个人的英语阅读情况，内容包括：①自己的英语阅读计划（阅读书目、时间、方式）；②有英语老师的指导和帮助；③阅读时遇到的问题；④希望Tony寄来英语阅读材料并给些建议。

写作内容要求学生审视自身的英语阅读情况，是学生熟悉的话题，使学生有话可说。语言要求上，一方面需要对英文书目有相当的认识，另一方面需要"以己之矛攻己之盾"——既要提出难题困惑，又需要提出解决的办法。这在学生（特别是初一的学生）的经历实践和思维拓展方面，都备受挑战。

3. 教学目标

基于教学材料的分析，本课的教学目标如下：

（1）语言能力

① 100%学生能明确写作要点，写作内容全面充分，与写作要求保持高度一致。

②80%的学生能够正确运用一般将来时和一般现在时，正确表达写作要点。

③50%的学生能有独特的语言内容。

（2）学习能力

①100%学生能借助思维导图，辅助思维拓展，并优选有效信息。

②100%学生参与小组合作活动，增强辨析与表达能力。

③学生通过结合智能平台的反馈，提升自学能力。

（3）文化意识

增强阅读兴趣，培养阅读习惯，提升阅读能力，提升发现问题、解决问题的能力。

4. 课时任务

任务情景：英文阅读中出现困难，提出可向国外友人求助。现回复美国笔友Tony的邮件，介绍英文阅读情况，包括阅读计划、所遇问题和解决办法。

任务行为：精选写作内容，上下关联，符合逻辑。

任务成果：使Tony了解情况，并予以帮助和建议。

5. 教学过程

本课的教学过程分为课前、课中以及课后，教学过程如下：

【课前】问卷调查：英语阅读情况

学生在课前做一份关于英语阅读情况的调查。问卷共16道选择题，包括学生阅读的目的、书目、时间、方式、阅读时遇到的困难、解决办法等。

（设计意图：通过问卷调查，使学生自省英语阅读行为之余，也给予学生语言表达的铺垫。学生在做出选择前，对问卷的阅读、理解，有助于学生在课堂上作正确表达。）

【课中】教学的开展

Step 1：情景创设，激发内驱

1. 问卷调查的结果通过图表清晰展示。其中50位同学中有48位同学在阅读过程中都存在大小不一的困难困惑，提出通过课堂学习寻求解决的方法和对策。

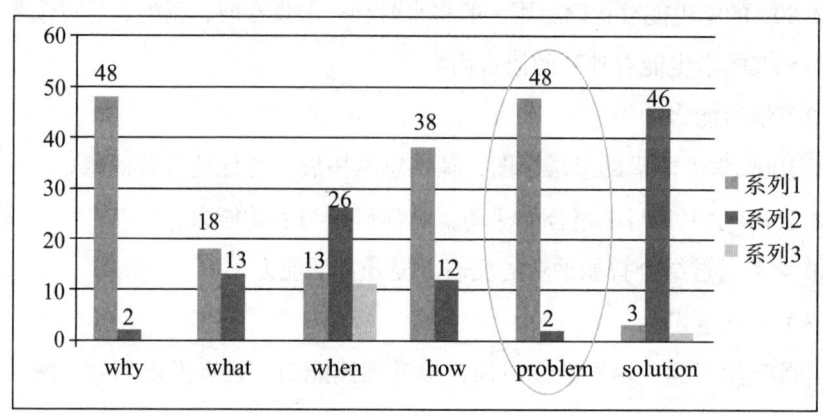

图14-3-2　问卷调查结果

2. 呈现英语阅读书目，增强阅读兴趣。

3. 提出向国外笔友寻求建议，引出写作题目。

（**设计意图**：问卷调查结果使学生正视阅读过程中的困惑所在，清晰本课程的学习目标和任务，产生合力和动力，共同找到有效解决问题的方法，促进学习意识形态的形成。）

Step 2：把握要点，搭建架构

1. 教师呈现翼课平台对近期写作的总体反馈图标，引导学生了解写作的不足。

2. 介绍笔友Tony的邮件内容，引导学生根据写作内容圈画出写作要点。

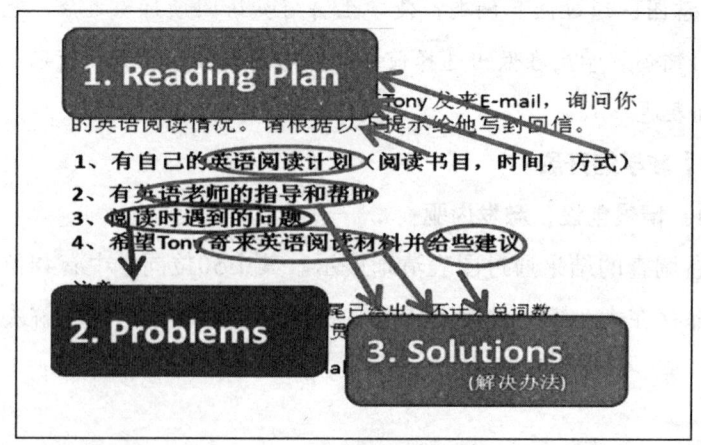

图14-3-3　结构准备

（**设计意图：**呈现翼课平台反馈的近期写作总体情况，让学生了解多次写作后的不足之处，明确本课程的目标为提升"内容结构"，使学生的学习具有针对性和目标性。引导学生通过圈画要点，明确写作分值的分布，使写作要点齐备。）

Step 3：启发关联，集思广益

1. 引导学生细致审题：分析写作5要点，并关联合成3部分。

2. 学生填写思维导图，并通过小组讨论、拍照上传的方式，进行分享学习。

（**设计意图：**分析写作要点，建立写作架构，精选写作内容，发展思维，扩大内容空间，清晰写作内容与架构。学生通过平板拍照上传的功能，思维成果得到最大化的分享。）

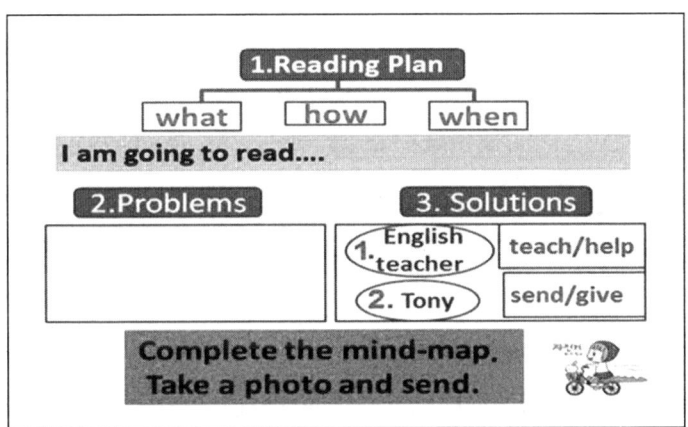

图14-3-4　发散思维

Step 4：收放思维，精选内容

1. 评价思维导图呈现的难题。

2. 黑板板书归纳，对"难题"进行归类。

（**设计意图：**通过分析各组上传的思维导图，让学生做出评价，并结合写作评价标准，以去除不相关的内容，从而有效精选出典型、具有代表性、创新性的写作内容。）

Step 5：能力链接，不离其宗

1. 句子重组游戏：把个人的阅读计划拆分为三部分，与同组员交换，重组新的句子。口头表达：句型引导1——时态渗透；句型引导2——逻辑连贯。

2.介绍写作评价标准。

3.进行第一次写作。

（**设计意图**：通过游戏增强句子结构的稳定性，强化学生正确运用时态的意识和能力。）

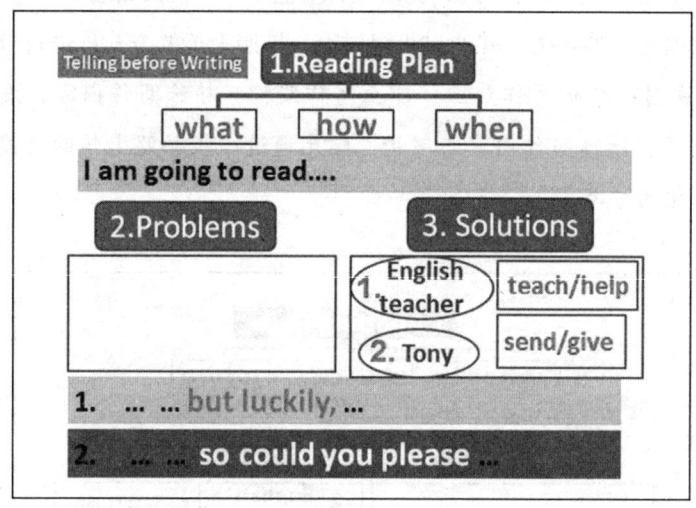

图14-3-5　强化句子结构

Step 6：结合反馈，改进提升

1.第一次写作后根据评价标准，进行同伴互改、成绩预判。

2.把写作上传到智能平台，获得反馈，结合反馈，自主修正学习。

3.分析预判与平台成绩的差别，讨论合理性。

4.根据平台反馈，修改导学案的写作稿。

5.进行二次写作，对比反思。

（**设计意图**：写作反复实践、评价，在评价和修正中提升写作水平。）

Step 7：自主总结，技巧深化

1.结合智能平台反馈，总结写作效果。

2.课程回顾，自主总结写作技巧。

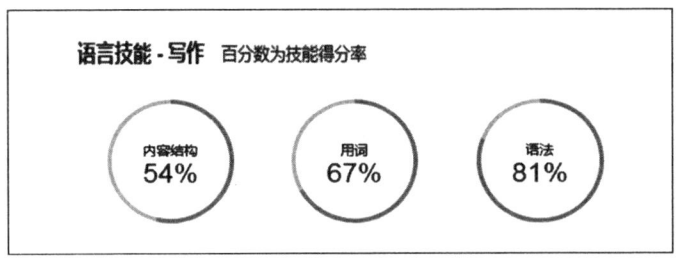

图14-3-6　学习后学情分析

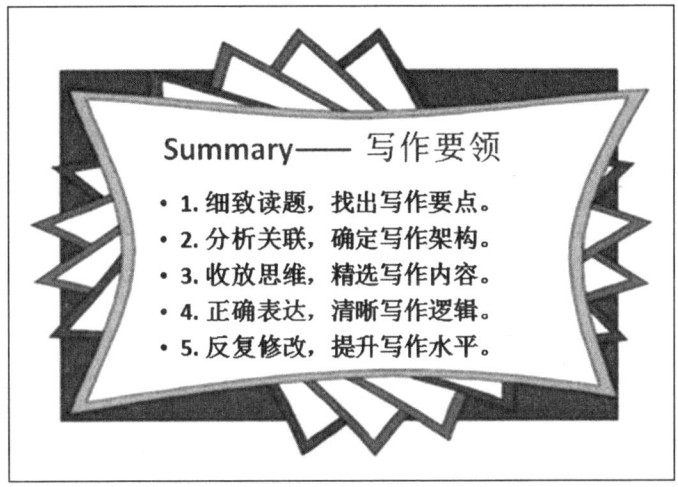

图14-3-7　课堂总结

【课后】巩固与提升

挑选同伴作品进行赏析，就平台成绩的合理性做出评价。

（**设计意图**：加深评价标准的理解和认识，强化写作实践。）

【评析】

本节掌握式写作模式的尝试，以人工智能时代为背景，以布鲁姆"掌握学习"理论为基础，是把人工智能与英语学科教学深度融合的一种教学模式。教学内容源于人工智能学习平台的"智能题库"，题为"回复笔友Tony的E-mail"，学生学习目标设定为：通过本节写作实践，学生能提高构思写作内容和搭建篇章架构的能力。学习流程分为四部分，包括：课前学习——课堂学习——写作实践——评价提升。思维导图和人工智能学习平台的运用是本课的学习策略。

1. 学习流程

（1）课前学习

课前学习以一份关于学生英文阅读情况的调查问卷展开。通过调查问卷，学生反思个人的英文阅读行为，从而提升阅读意识。同时也在阅读问卷调查表时，获得大量的英文书目，为课堂的开展奠定文化基础。

（2）课堂学习

调查问卷中显示的数据，为本课的情景创设提供了依据。本节课情景设定为：引导学生思考"在阅读中遇到问题，该怎么办"，以此引出"求助笔友Tony"。合理的情景创设，发展了学生的写作内驱力，使其能够很自然地融入到写作任务中去。在本课学习目标驱动下，要求教师首先需要与学生一同熟知任务，把握要点，从而启发关联，搭建写作架构。经过审题和互相讨论，学生找出本次写作的5个要点，并从各个要点的关联中，搭建3部分的写作架构。这种思维导图式的头脑风暴，以及风暴后对信息的优选，使学生的写作思路更加清晰。继而通过趣味性较强的游戏活动和师生共同进行的思维拓展，使本课的重点得以呈现，并为学生写作奠定知识基础。

（3）写作实践

在学生进行写作之前，教师应注意写作评价的引入。评价中的分值分布，可以间接地引导学生对自己的写作思维进行梳理，并通过攀爬刚才自己所搭建的脚手架，完成个人写作实践。

（4）评价提升

在学生完成第一次纸质写作后，根据既定的评价标准，首先进行同伴互改。但学生受知识水平和语言表达能力的限制，"同伴互改"仅仅是写作评价的第一步，要真正实现即时反馈和纠正，就需要在人工智能学习平台上完成了。

2. 对人工智能加持的英语掌握式"快—乐"写作模式的感悟

通过本次教学实践，教师深化了对人工智能加持的英语掌握式"快—乐"写作模式的感悟：

（1）人工智能加持下"快—乐"的表现

所谓"快—乐"写作，体现在两方面。一是"快"，侧重表现写作教学的效能，即智能批改速度快，即时反馈评价快。"快"从表面上看只是方式和手段的改变，实质上是教学观的改变，是对师生需求的真正关注与及时支持。二是"乐"，侧重表现师生在写作教学过程中的情感体验。对教师来说，乐于通过设置写作任务让学生增加语言运用的机会；对学生而言，乐于写作，乐于分享，乐于自主提升。"乐"表面上看是教学情绪的满足，实际上是师生对英语学科育人价值的亲身体验和学习幸福感的获得。

（2）人工智能加持下"快—乐"的源泉

① 客观数据，清晰精准导方向

客观的学情数据为教师提供了清晰的教学目标导向，助力教师精准定位教学设计的重点、难点，从而选择合适的教学策略，并在教学过程中根据即时的数据反馈，调整教学策略，让课堂教学更有效。

② 专业素材，多元全面供选择

人工智能学习平台的智能题库为教师提供了丰富多元的教学素材，为教师由浅入深、从点到面进行教学设计提供了有力的写作素材保障。

③ 智能批改，实操简便提实效

人工智能学习平台的智能批改功能，使教师的写作教学前所未有的轻松和高效。教师只需要一键操作，点击"查看"即可掌握学生整体的写作表现，也能即时查看系统智能批改的痕迹，包括拼写错误、标点、词汇、语法等多达11方面的修改批注。其中，红色代表错误的地方，蓝色代表鼓励和润色建议，这完全代替了教师传统人工批改下的红笔圈划和提示。此外，平台自动生成的拓展辨析，会对学生的写作包括词、句、语法等方面进行全面的评价。

④ 人机合一，个性关注促发展

在人工智能学习平台上，教师可以在智能批改的基础上，对评语进行人工修改，这一点是很人性化的。机器和人的最大区别就在于情感方面，给学生充分的关注和鼓励，是教育工作者义不容辞的责任。因此，对待每个学生，教师找到他们的闪光点，对评语的内容进行润色，使学生感受到教师的关注和鼓励，促进学生的整体发展。

（3）人工智能加持下"快—乐"的本质

在人工智能学习平台大数据的精准驱动下，学生的写作训练过程具有"随时行动、即时推动、及时分析、瞬时解惑、获识全面"的特点，使学生进入全新的学习状态。

①激"兴"增"趣"的状态

学生学习兴趣得到激发，学习乐趣大大增强。兴趣是最好的老师，兴趣的激发很关键，兴趣的持续更为重要。对于生活经历不尽丰富，思想不尽成熟的学生来说，是好奇心点燃了他们的兴趣。对写作这样的主观题目能够实现一键批改，这本身就会让教师和学生都感到新奇。因此，不断向一键批改"挑战"，便成了学生学习的动力目标。其次，学生得有话要说，有话可说，有话能说，学习兴趣才能得到激发和持续。

②炫"动"奋"力"的状态

学生的精神状态在及时的反馈中持续高涨，动力十足。学生在写作后能即时获得评价，并能在成绩榜上看到自己的位置，或得到老师发的彩旗、系统给予的翼豆等奖励，因此动力倍增。这种及时的反馈和评价，就是人工智能技术的优势所在，它既可以弥补教师课后需要长时间批改的缺陷，又可以激发学生强大的学习渴求，在收到写作任务时不但不回避、不拒绝，反而是积极主动参与，争取更多的锻炼机会。

③观"自"立"信"的状态

学生在写作后能得到清晰详细的写作分析，在综合分析中获得错误点的纠正，也获得知识点的拓展，加深了语言的运用能力训练，也推进了学生自我修正和自主学习的步伐。人工智能学习平台为学生提供了丰富多元且情景合理的写作话题，学生在持续的写作训练中，建立其个人的数据库，形成其个人轨迹，为他们的个性化学习提供了宝贵的支持点和极具针对性的训练方向。在批判性思维的影响下，学生查看拓展评析和参考范文后，能够与个人写作进行对比分析，并能有力地评判优劣，在挑战"权威"之余，树立了自信心。

美国著名心理学家和行为科学家斯金纳倡导的激励强化理论指出，行为者倾向于重复该行为，是受正强化物和负强化物所影响。人工智能技术的加持，使学生得到及时关注和评价，减少了自主学习过程中对他人的依赖，加强了学生自主能动性，获得激励强化并乐于投入。智能批改，为教师扫除了困扰多时的备课和批阅障碍，让英语写作教学成为一件"快""乐"的事情。在人工智能加持的英语掌握式 "快—乐" 写作模式的推进过程中，教师仍需坚持 "以生为本"，除了关注整体情况外，个体差异、个性思维、个人情绪也是不可忽视的，这将使人工智能加持的课堂更有温度，更具人文关怀。

二、基于人工智能学习平台开展的七年级英语写作教学案例分析2

课型：写作课

教学内容：外研版七下Module 10 Unit 3 Language in use.

设计指导：佛山市教研室　何润青；执教：南海区桂城街道桂江第一初级中学　岑懿晖

1. 课例背景

本课例为2019年5月广东省教育信息化融合创新示范项目《人工智能加持的英语掌握式教学模式创新研究》子项目实施培训活动中的现场研讨课。本课例以外研版七年级下册 "Module 10 Unit 3 Language in use." 为教学内容，授课学生为佛山市里水镇和顺二中的七年级学生。

2. 教材分析

本模块谈论假期旅行。第一单元和第二单元分别介绍了洛杉矶和巴黎两座西方文化的代表城市，呈现了许多谈论旅行的常用语言。其语言结构重点是一般过去时的特殊疑问句，模块任务是以通过向朋友写一封电子邮件来描述一次假日旅行。本单元的教材内容以语法总结归纳为主，遵循口头到笔头的输出原则。

故此，本课可以承接第二单元的口头作文练习，可以直接在简单句的笔头输出上开始授课。而且本单元介绍世界不同地方人们休闲度假的情况，说明不同喜好和做法。本课可以由此为写作任务打开思路。思路确认后，可以通过翼课网平台和CLC量表，以评价手段辅助完成输出任务的三次写作。

3. 学情分析

背景知识上，学生对于假日的旅游活动都各有心得，前情调查得知假期都有外出经历；兴趣和积极性上，初一下学期的同学仍乐于分享，对于旅行这个话题也有兴趣；预设水平分析上，同学们对于旅游话题的词汇句型较为熟悉，但习惯笔头写作，平板打字熟悉度不高，故课堂主要采取笔头写作方式。可以在日后教学和课后实践上多培养使用信息化工具的素养。

4. 教学目标

基于教学材料和学生情况的分析，本课的教学目标如下：

（1）语言能力

学生能通过翼课网的个性化反馈，修改拼写、语法等知识性内容。

（2）学习能力

学生能借助翼课网平台和CLC量表自查，养成反思、重复修改精进的习惯；并能在师生评价、生生评价和自我评价中学会监控自己的学习。

（3）思维品格

学生能关注简单字词错误以上的深层次写作逻辑。

（4）文化品格

学生能通过谈论旅行，乐于分享彼此的经历；学生能体会到彼此旅游中的情绪表达、情感态度。

5. 课时任务

任务情景：和顺二中的外教Michael想对于中国学生的假期旅行进行调查了解，希望同学们帮帮忙，写一封电子邮件。

任务行为：组织词汇、句型和结构进行书面表达，并发布在翼课网上获得人工智能的及时批改反馈。以此为蓝本，对照中考常用作文评分的CLC量表进行二次修改和同伴互评。

任务成果：向Michael发送一封含有自己真情实感而且结构工整、表达清晰的电子邮件，告诉他自己假期旅行的情况。

6. 教学过程

本课的教学过程分为课前、课中以及课后，教学过程如下：

【课前】预习与学情分析

4月25日到校跟进学生使用网络学习平台"翼课网"的情况；4月30日让学生完成翼课网平台上"My summer holiday"的书面表达；5月1日教师分析学生课前学习成果；5月6日教师进行说课备案，与翼课网工作人员沟通人工智能个性化反馈的细节，一一给学生复评；5月7日和5月14日进行校内不同班级的试教。

（设计意图：教师利用人工智能学习平台，让学生进行课前自主预习，为接下来的教学进行语言准备。从平台收集的学生学习数据来看，教师发现学生对于翼课网的使用较为机械，只有极少学生利用到人工智能的反馈进行二次修改；而且打字规范性和速度有待提高，可以采取纸面写好再进行平板输入或者语音转文字等手段。由此，教师确定教学重点为：让学生学会通过翼课网平台和量表自我监控和评价自己的学习输出；教学难点为：让学生在有限课堂时间内达到高效而又重点的输出，熟悉信息化工具的使用。）

【课中】教学的开展

Step 1：任务呈现

教师借助和顺二中教学剪影，展示了外教Michael与学生上课的图片，并介绍他最近关于中国学生假期旅行的好奇和想法。聆听教师介绍后，学生明确本节课任务：向Michael发送一封关于自己假期旅行的邮件。

（设计意图：以学生熟悉的外教老师入手，贴近学生生活的情境更具真实感。引入学生熟悉的假期和旅行话题，激发学生兴趣，引导学生关注话题内容，带着目的进行学习。）

Step 2：承接Unit 2学习，启动头脑风暴

教师承接上一节课Unit 2的口头作文来布置笔头任务，并利用Around the world中出现的假期旅行活动补充话题细节。学生则根据要点进行回忆和丰富。

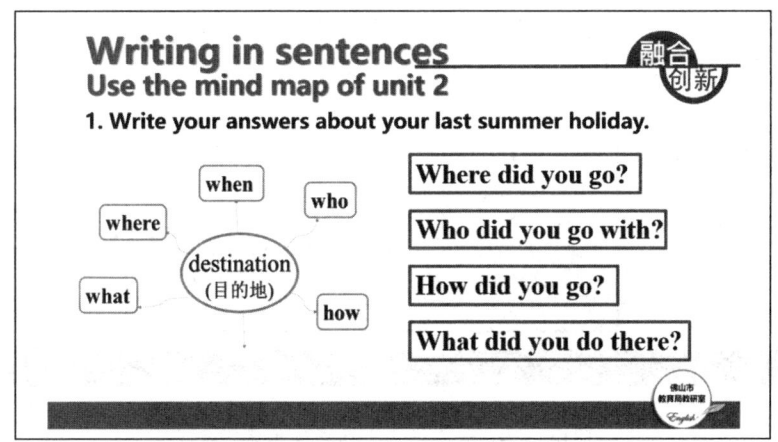

图14-3-8　利用Unit 2的思维导图进行笔头任务

Step 3：依据情境的初步写作

教师带领学生进行头脑风暴后引导学生根据要点，将句子组合成文。将上周作业发放至学生的平板上，引导学生在纸面改写，形成给Michael的邮件内容。

（设计意图：学生课前利用人工智能学习平台进行类似话题的写作，课堂上就能更高效地进行符合情境的输出。同时，教师对上一节现场课的词汇、句型学习进行针对性的巩固，为学生输出提供保障。）

Step 4：针对语法和结构的第一次改写

教师在上周作业中抽选一篇13分的作文，引导学生看懂翼课网的反馈并采取修改措施。学生在教师组织下了解常见扣分原因，并一一鉴别平台上红色、蓝色的反馈区别，在全班合作下给出错误句型和词汇的正确修改。确认学生了解翼课网反馈后，教师组织学生登录自己的翼课网平台，根据平台反馈，在纸面上进行个性化修改，并鼓励学生举手求助。

（设计意图：教师首先以精心挑选的个例反映出共性问题，确保80%的学生能理解平台的反馈内涵，并利用全班的力量进行修改。对需要指点的学生在举手时进行个性辅导。）

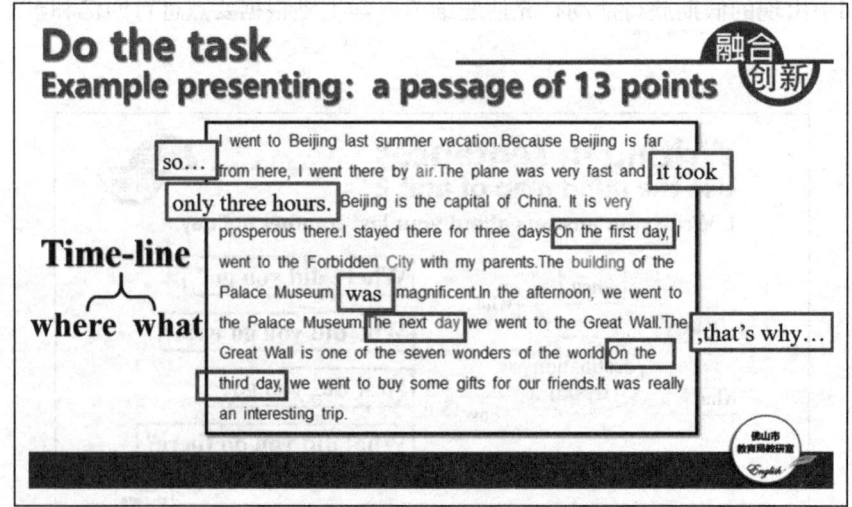

图14-3-9　以个性体现共性的集体改写

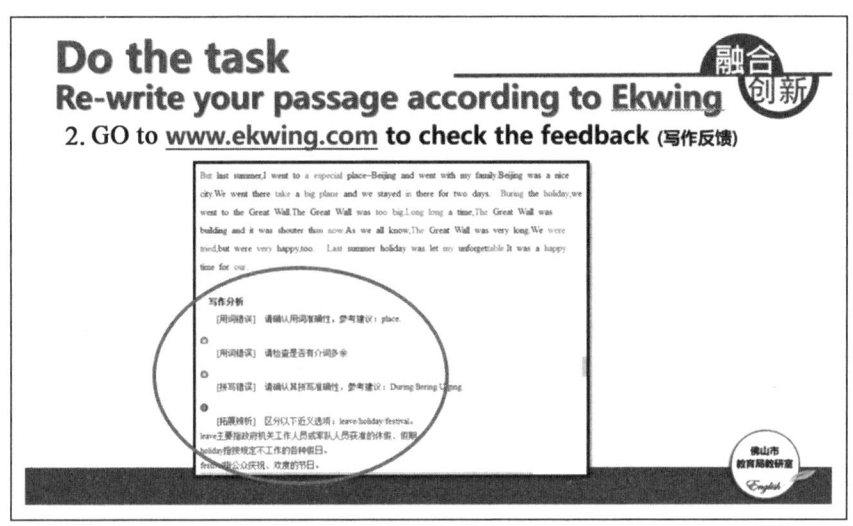

图14-3-10　根据翼课网反馈进行个性改写

Step 5：根据CLC量表进行第二次改写

在有限时间内完成基础语法知识的修正后，学生根据CLC量表进行更深层的逻辑、联接问题修正。

Evaluate(评价) your writing
3. Write your passage again according to it

Items	Description	Your ideas
Content (要点)	I can talk about all the points in the mind map	☆
Language (语言)	I can use the right tense(时态)	☆
	I can write the right spelling(拼写) and phrase(词组搭配)	☆
Coherence (连贯性)	I can use a clear structure with time	☆
	I can use linking words(连词) like "so/first/second/finally"	☆

图14-3-11　根据CLC量表进行第三次写作

（设计意图：在借助人工智能解决基础错误后，学生在教师的引导下关注写作中会出现的逻辑问题。在研讨课前，教师惊叹于翼课网写作平台上对于作文批改的高效率和强针对性，但也惋惜于数据收集不足、整合力度有待提高的缺点，无法一步登天，达到让学生仅凭翼课网的人工智能就能实现书面表达深层次的学习的程度。故此，教师依据中考书面表达的基准设计了更关注于表达严谨性、逻辑性的CLC量表。）

Step 6：自我评价与同伴评价

教师引导学生互评各自的终稿作文。并组织学生对照ppt进行自我评价。

（**设计意图**：在有限课堂实间内，教师利用评价手段进行了本课的写作总结，强调了书面表达应该注意的方面。在强化思维和学习策略的同时回收作文，结束任务。）

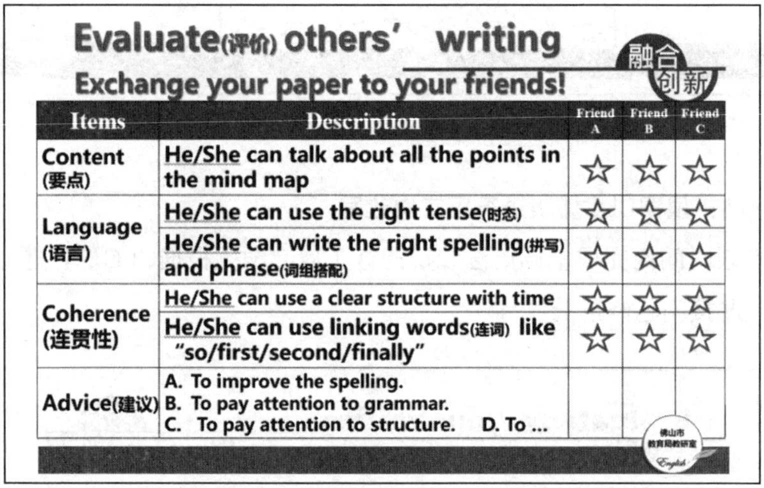

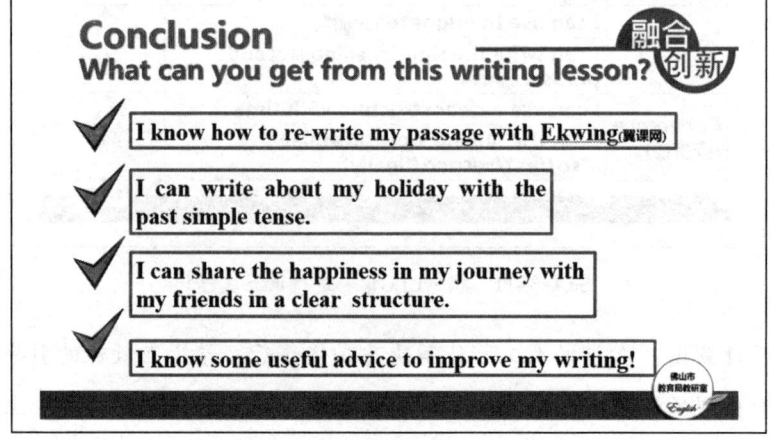

图14-3-12　引导学生进行终稿作文的互评

图14-3-13　引导学生自评、总结

【课后】巩固与提升

教师利用翼课网智能题库布置作业：完型填空1篇、主题阅读1篇、趣味配音等。教师在回顾、总结中回应本课任务：以电子邮件方式发送自己的假期旅行给Michael。

（**设计意图**：结束本课任务的同时，教师利用人工智能学习平台布置作业，让学生继续熟悉信息化平台的使用。再者，为下一模块的学习提供新一轮的数据，方便学情分析和课型定位。）

【评析】

通过本课例，我们可以发现信息技术与英语写作教学的深度融合为课堂带来了更多的可能性，主要体现在以下几方面：

1. 激活写作环境，增加学生参与度

从教师教学的角度来看，人工智能平台能构建一个开放、交互的写作环境，能够支持实时的反馈，相比传统的写作文与拿到作文分数之间相隔起码两三天的情况，不仅省心省力，更能集中学生注意力，收到更好的教学效果。此外，写作过程中，人工智能平台可以提供一个开放、可以交流的环境，更能启发学生思维。

2. 提供高效反馈，辅助自主学习

从学生学习的角度来看，人工智能平台不仅能迅速做出书面表达的反馈，以直观的数字提供参考，更能在数据分析中日臻精细全面，以颜色符号标记写作中的表达漏洞如大小写、空格格式、单词拼写甚至是主谓一致、there be句型误用，同时提供某些词汇和结构的使用建议。这样的写作指点不为空间、时间所限，还鼓励学生反复修改、反复提交，能成为学生自主学习、主动学习的资源支撑。

3. 创新课堂互动，还课堂于学生

从师生互动的角度来看，人工智能平台等信息技术将师生应该聚焦的学习短板显露得更清晰，也在一定程度上解决了基础语法修正的问题。其使用更能激活学生"学习者"和教师"引导者"的角色，极大程度上避免了教师在写作课上空谈技巧和词汇句型的问题，能在更贴近思维发展的层面给予事半功倍的引导。学生也更有任务感和针对性，培养了语言学习中重要的计划性和学习策略，使课堂呈现更明显的"生本"特色。

三、基于人工智能学习平台开展的中考英语话题写作复习教学案例分析3

课型：写作课

教学内容：人工智能学习平台辅助下中考英语话题写作（人际关系）的导与评

设计指导：佛山市教研室　何润青；执教：佛山市禅城区南庄镇第三中学黄熙瑶

1. 课例背景

本课例为2019年广东省教育信息化融合创新示范项目《人工智能加持的英语掌握式教学模式创新研究》子项目实施培训活动中的一节现场研讨课。本课例围绕考纲话题"Interpersonal Communication（人际关系）"开展写作教学，授课学生为佛山市和顺二中九年级学生。

2. 教材分析

本课以广东省中考英语读写综合的题型为基础，复习考纲中的话题"Interpersonal Communication（人际关系）"。这个话题十分日常，学生并不陌生，在过去三年的教材里，学生已经学习过相关的课文，但是对相关词汇、句型和结构欠缺归纳。

3. 教学目标

基于教学材料的分析，本课的教学目标如下：

（1）语言能力

① 全体学生能够学会审题，并能按照中考评分标准分析题目，判断写作内容。

② 80%的学生能够掌握并正确运用话题相关词组、句型，在规定时间内完成写作任务。

③ 80%的学生能够借助人工智能学习平台对作文进行润色和修改。

（2）学习能力

80%的学生能够运用认知策略和交际策略，通过小组合作、归纳、总结和运用"人际关系"话题的方式写作相关词句。

4. 课时任务

任务情景：外国学生Kirby在学校没有交到什么朋友，他感到很孤独和不开心。你是Kirby的笔友李华，你想帮助他克服交友上的困难。

任务行为：根据Kirby存在的问题，讨论并归纳可行的交友建议，修改和润色课前写的建议信。

任务成果：借助人工智能学习平台，修改给Kirby写的一封信，更好地帮助和鼓励他去认识新朋友。

5. 教学过程

本课的教学过程分为课前、课中以及课后，教学过程如下：

【课前】预习与学情分析

学生在人工智能学习平台完成：a.信息归纳；b.第一次话题写作；c.英语趣配音；d.教师分析学生课前学习成果。

（**设计意图**：教师利用人工智能学习平台，让学生进行课前自主预习，提高学生对话题的熟悉程度，为接下来的教学进行语言准备。从平台收集的学生学习数据，教师发现学生作文内容结构方面得分偏低，因此制定本课的其中一个教学重难点为帮助学生梳理和归纳相关写作结构。）

【课中】教学的开展

Step 1：任务呈现

教师通过分享学生课前在人工智能学习平台上完成的配音片段（Sheldon和他的妈妈谈论关于交友的问题），强调了朋友的重要性并引入本课写作任务：写一封信给Kirby，帮助并鼓励他去结识新的朋友。

（**设计意图**：利用人工智能学习平台现有的资源，创设真实语境，激发学生兴趣，更加生动立体地引入本课的写作任务。引导学生关注交友的重要性。）

Step 2：预习检查与反馈

教师呈现课前预习数据，表扬通过反复练习不断提升语言掌握准确度的学生，还要指出学生集中的错误并进行纠正，为接下来的语言输出进行语言准备。

Step 3：初步感知写作内容

学生同伴讨论并审题，根据中考评分标准判断作文内需要呈现哪些内容。

教师引导学生进行头脑风暴：How to make friends？。

（**设计意图**：学生课前已经利用人工智能学习平台进行初次写作，课上教师再次引导学生审阅题目，能够帮助学生更直观地把握内容评分标准。根据题目内容要求引导学生进行头脑风暴，启发学生思维和思考，帮助学生解决部分生词，降低学生后续写作的难度。）

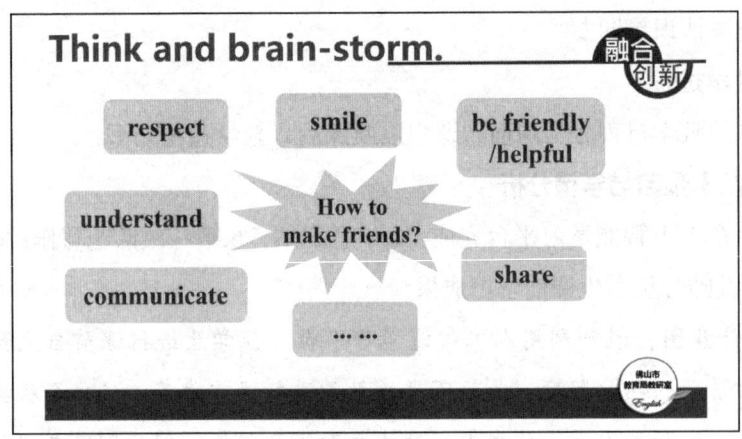

图14-3-14　课上头脑风暴

Step 4：初步感知写作句型和结构

学生同伴讨论并归纳：哪些句型和表达能够用于给建议和鼓励。

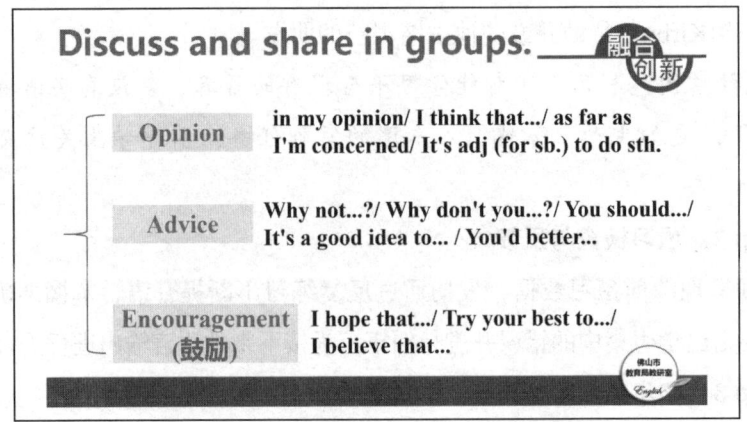

图14-3-15　引导学生归纳写作可用的建议句型和表达方式

（**设计意图**：通过小组讨论，学生回顾并归纳以前学过的给建议的句型表达方式，让他们能够更加清晰写作的结构和框架，为后续写作任务做好准备。）

Step 5：批改训练

引导学生根据中考写作评分标准，对其中一位同学的作文进行批改与评分。

通过比较学生的评分和翼课平台的评分，引导学生学会通过人工智能学习平台的写作反馈，对自己的作文进行进一步的润色和修改。

（**设计意图**：引导学生学会参考和借助人工智能学习平台的修改建议去对自己的文章进行下一步的改进和润色。）

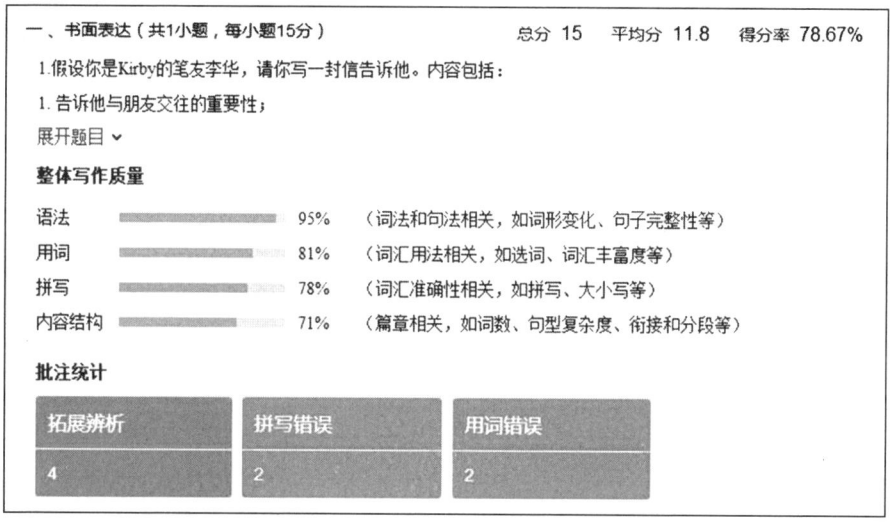

图14-3-16　人工智能学习平台提供的作文修改建议

Step 6：实践训练

学生借助刚刚梳理的写作内容要点、建议句型和表达方式，借助教师提供的中考作文评分标准，根据人工智能学习平台给出的初次写作的修改建议，对自己的作文进行改进和润色。

（**设计意图**：引导学生结合本课的内容，在人工智能学习平台上对自己第一次的作文进行修改和润色，并再次提交。）

Step 7：评价与总结

学生借助评价表对本课内容和掌握程度进行自我总结和评价。

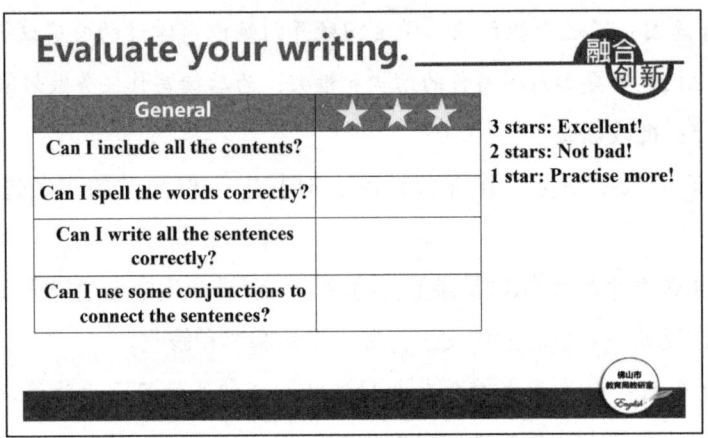

图14-3-17　学生自评表

（**设计意图**：通过学生自评，了解本课教学开展是否顺利，知识点学生是否掌握，以此调整和改进下一课的内容和难度。）

【课后】巩固与提升

教师利用人工智能学习智能题库布置作业：人际关系话题读写综合练习（信息归纳和写作）。

（**设计意图**：教师在课堂上进行了人际关系话题的写作教学，课后再进行一次作文的二次修改，并将两次数据进行对比，教师可以清楚地了解学生的前后变化。）

【评析】

通过本课例，我们可以发现信息技术与英语教学的深度融合为课堂带来了更多的可能性，主要体现在以下几方面：

1. 拓展学习时间与空间

在人工智能学习平台的帮助下，学生可以突破时间和空间的限制，极大地提高了碎片时间的利用率。课前，教师通过智能平台收集学习数据，有助教师进一步根据学生的实际情况调整教学内容和节奏，提高课堂效率，促进课堂教学的开展。

2. 促进学生个性化学习

利用人工智能学习平台，教师能够及时了解学生的学习进度和知识掌握程度，并给学生提供更具针对性的反馈。因为每个同学的基础和理解能力略有差异，对于相同的内容，可能存在不同的思考或障碍。因此，智能平台能够有效地反馈学生的掌握程度，教师能够清晰地知道哪些同学在哪些环节没有掌握和理解好，方便教师在日后的教学中更有针对性地为同学们提供帮助。同时，有了人工智能平台的帮助，学生课后可以根据自身的不足和学习兴趣，有针对性地加强练习。以本课为例，学生能根据平台反馈的数据，知道自己在内容、结构和连贯三方面哪方面比较薄弱，从而在之后的学习中加强练习相关内容。

3. 培养学生学习自主性

一般来说，批改作文都是教师比较头痛的环节，因为耗时长、答案开放性强。有了人工智能学习平台，学生能够根据平台给出的建议，自主进行修改和二次上传。通过这样不断地修改和润色，学生可以有效地提高自身写作能力。教师在适当时候进行点拨和引导，极大地提高了教学效率。

第四节　语言运用教学模式

一、基于人工智能学习平台开展的初一英语语言综合运用课教学案例分析1

课型：语言综合运用课

教学内容：外研版七上Module 4 Unit 3 Language in use

设计指导：佛山市教研室 何润青；执教老师：佛山市禅城区教育发展中心沈文莉

1. 课例背景

本课例为2018年9月29日由广东省教育研究院、广东省教育技术中心和佛山市教育局联合举办的2018年初中英语教学与信息技术深度融合专题网络教研活动的现场展示课。本课例以外研版七年级上册"Module 4　Unit 3 Language in use."为教学内容。授课教师借班授课。授课学生为佛山市华英学校七年级的学生。他们刚学完starter和Unit 4的Unit 1 & 2。通过第一单元的学习，他们基本掌握了本模块常见食物的音形义。能用have（got）自我或向他人介绍、询问拥有/没有的某物。通过第二单元的学习，他们知道了一些健康食物和不健康食物，并能进行简单的判断。

2. 教材分析

本课例所在的模块主题为"Healthy food"。这个模块共有3个单元，第一单元是听说材料，内容是贝蒂帮助母亲制定购物清单。通过谈论家里有什么食物，还需要什么食物自然引出本模块的目标词汇（juice，vegetable，beef等表示食物的词汇）和目标语法项目（have / has got...）。第二单元是关于健康食物的阅读材料，为学生判断并谈论什么是健康食物打下语言及内容基础。第三单元是基于前两个单元所学习的内容和语言的语言综合运用课。它的文化角（Around the corner）的内容是介绍典型的西式早餐，有助于学生了解西方的饮食文化，扩展他们的文化视野，并帮助学生在完成模块任务时打开思路。它的模块任务是制作一张海报介绍健康早餐。

本课例是模块整体教学的第三节课。本节课在完成整体教学和本节课的教学目标的基础上，对上课材料和模块任务均作了不同程度的取舍和改编。如上课材料选用了第三单元的文化角，其他练习材料（Ex1，3，4等语法练习）作为课前或课后作业。并把模块（本课）任务修改为特定人物（Yuri）完成并介绍一道菜肴。

3. 教学目标

本节课结束时，学生能够达到：

（1）辨认并正确读出本课所学的食物词汇。

（2）运用目标语法句型（have / has got...）谈论拥有的或所需要的食物。

（3）发表自己对健康食品的意见。

文化意识目标：

（1）认识到健康饮食的重要性。

（2）认识中西饮食文化的差异。

思维品质目标：

（1）能对比分析中西饮食文化的差异，体验思维批判性，并得到相应的发展。

（2）认识到多角度分析问题的重要性，认识到健康食品的标准是因人而异，因文化而异。

学习能力目标：

（1）通过小组合作完成模块任务，利用所学的食物知识和语言知识完成食物标签和食物介绍。

（2）通过自评、同伴评价反思学习过程。

4. 教学重难点

（1）重点：学生能在任务情境下运用目标语法和词汇谈论食物。

（2）难点：学生能在任务情境下形成自己对健康食物的判断，并发表自己的看法。

5. 教学过程

本课例的教学过程分为课前、课中和课后三个阶段：

【课前】课前准备

（1）复习巩固：学生通过信息技术平台的辅助，完成相应的模块学习任务，自行巩固并检测第一二单元的学习效果。模块学习任务为：①认读本模块的核心词汇；②辨别可数名词与不可数名词；③完成食品词汇分类图；④正确朗读可数名词复数。

（2）任务内容准备：学生上网查阅并收集一些具有佛山特色的食物及其内容介绍，为完成本课例的任务做准备。

（3）新课开始前，教师通过信息技术平台，点评学生的课前准备（复习巩固部分）。

（4）课前学习反馈数据，引导学生进一步反思自己之前的学习。

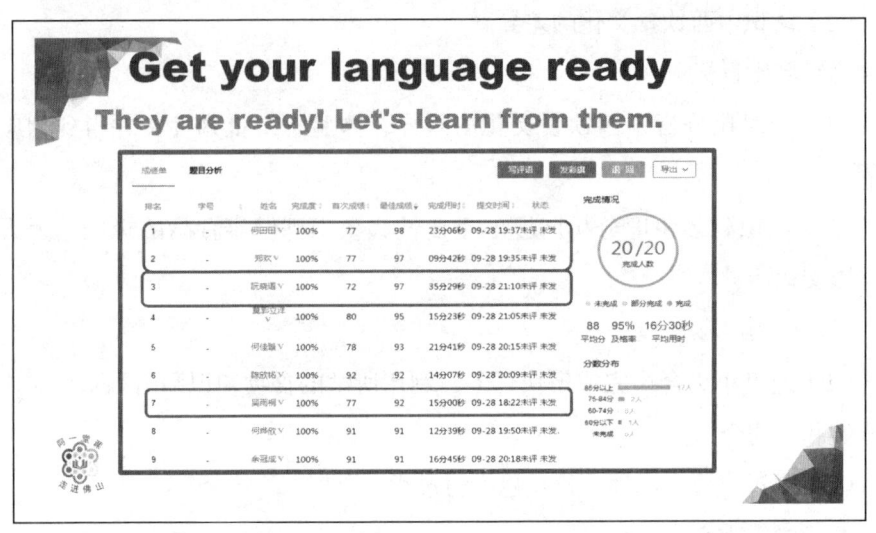

图14-4-1 课前学习数据

（**设计意图**：本课例是语言综合运用课，学生对本模块的目标语法掌握程度直接决定了他们是否能顺利完成本课任务，因此课前通过一些词汇和语法练习是非常必要的。而这一环节引入信息技术平台后，学生根据自己的学习程度选择相应的练习，如Ex1是认读本模块的核心词汇，对于自己会读的词汇，学生可以直接划掉他们。而不会读的词汇，则可以通过平台的跟读活动多读几次做巩固。此外，平台还对学生的练习提供反馈，让学生及时了解自己的学习效果，并给他们学习效果较差的部分提供进一步的学习与巩固机会。）

【课中】教学的展开

Step 1：任务呈现

利用图片呈现本课的任务情境：在我国"一带一路"的经济政策吸引下，俄国中学生Yuri的父母决定到佛山来寻求合作项目。Yuri将跟随父母一起来到佛山，准备在佛山华英学校生活一周。他想在同学们的帮助下深入体验佛山文化，尤其是佛山美食文化。华英学校学生准备为Yuri举行一个欢迎会。欢迎会上每组学生会为Yuri准备一道菜，并准备一张介绍这道菜的小标签，放在这道菜的旁边，方便Yuri了解该食物。

（**设计意图**：直接引入本课的任务，帮助学生明确本节课的学习目标。该任务是一个贴近学生生活的真实的任务设计。学生要完成这个任务，需要使用到本模块第一二单元学过的语言知识和食物知识，帮助学生在完成任务过程中运用所学的知识。）

Step 2：完成任务的过程1—任务策划

教师以问题"What do we need to do before making the dish？"引导学生思考如何完成任务，然后让学生通过排序的方式完成"To-do list"。

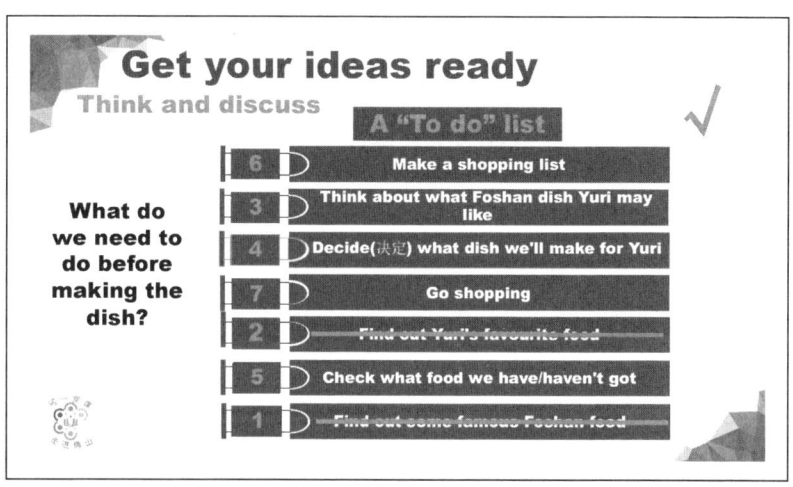

图14-4-2　学生完成"to-do-list"

（**设计意图**：这个环节的明线是模拟真实任务完成的过程，培养学生的学习能力和学习用语言做事情的能力。暗线是引导学生回顾之前模块的学习内容，为完成本节课的任务做铺垫。）

Step 3：完成任务的过程2—任务准备

（1）确定食物：学生分成4人小组，讨论并决定为Yuri制作的一道具有佛山特色的菜肴。

（2）查看食物储备：教师给每位小组分发一个信封。信封里有3—4张食物的卡片。小组的学生需分角色完成以下任务：

学生1：打开信封，查看食物，并告诉组员们有什么食物（材）。

学生2和3：写下学生1所说的食物（材）。

然后小组讨论：为制作菜肴，缺什么食材。

学生4：写下所缺的食材。

（3）找寻食物：每组的学生1重新组合成新的小组，学生2组成新的小组，如此类推。然后相互询问，找寻自己小组菜肴需要的食材，并做好记录。

（4）回归各自的小组，并完成相应的记录。

（5）选取学校小组做展示：

学生1：介绍自己小组拥有的1—2个食物（材）。

学生2：介绍自己小组拥有的1—2个食物（材）。

学生3：介绍自己小组需要的食物（材）。

学生4：介绍哪个小组有自己需要的食物（材）。

小组介绍完后，教师让其他学生根据该小组的介绍猜一猜他们将会制作一道什么菜。

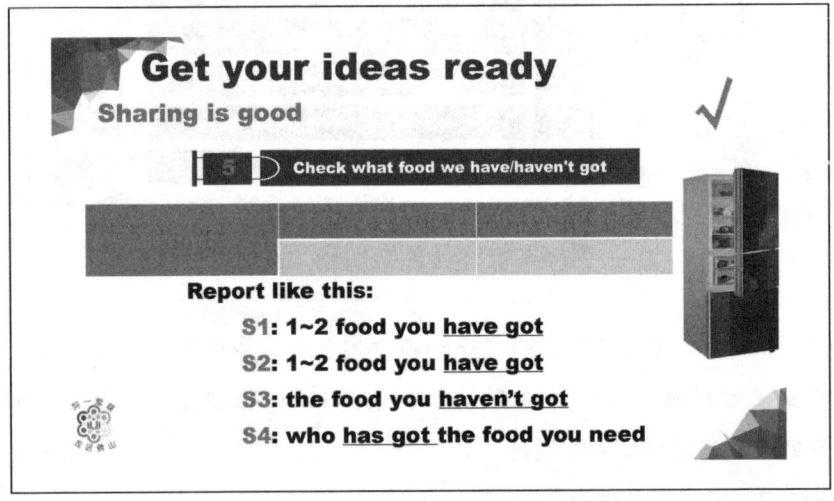

图14-4-3 组内开展任务：核对食物清单

（设计意图：设置具有信息沟通的交流环节，让学生在任务沟通和交流中自然的运用目标语法（have / has got...）及其变式（人称变化，肯定句型和否定句型）。此外，小组展示中，每个组员都有自己的展示任务，既给了组员平等的语言展示机会，又体现了小组合作的本质及其重要性。）

Step 4：完成任务的过程3—思考与判断

（1）学生阅读文化角的材料（典型的西式早餐），提取其食材信息。并通过两个问题思考并判断这份食物健康与否：Will Yuri like the dish？，Is it healthy for him？。

（2）教师引导学生思考一下问题：Is healthy food good for everyone？，然后引导学生从Yuri的角度（他的食物喜好、身体状况和他到佛山的愿望）思考自己小组将要为他制作的食物。

（**设计意图**：本环节通过阅读文化角材料，帮助学生了解西方饮食文化，扩展学生的文化视野。同时通过引导学生从Yuri的角度思考，让学生用批判性思维思考健康食物对不同人的影响是不一样的，从而培养学生批判性思维能力。）

Step 5：完成任务的过程4—完成任务

学生根据以上的引导与思考，以小组为单位完成自己的菜肴标签。

图14-4-4　完成任务

Step 6：任务分享

（1）学生小组完成任务后，以Gallery Walk的方式，相互欣赏和评价其他小组的作品。

（2）教师选取小组上台分享。

（**设计意图**：让学生赏析和分享中自然地运用所学的食物知识和语言知识。与此同时，进一步培养学生的合作能力和语言能力。）

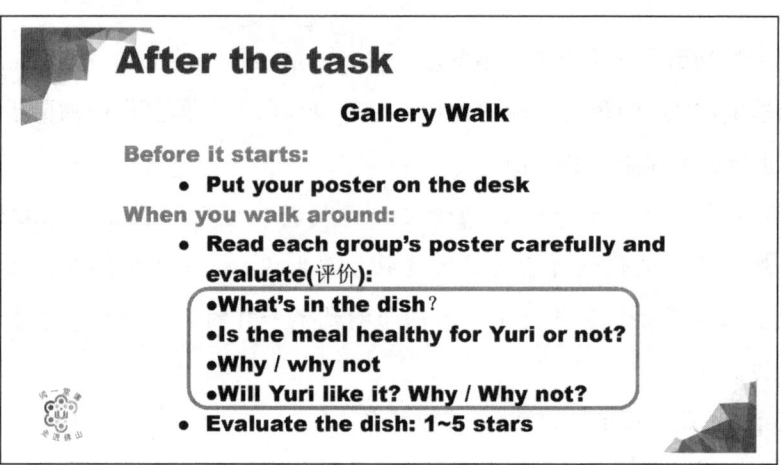

图14-4-5　Gallery Walk

Step 7：课后反思与总结

学生利用评价表，对本节课的学习过程和学习效果进行反思。

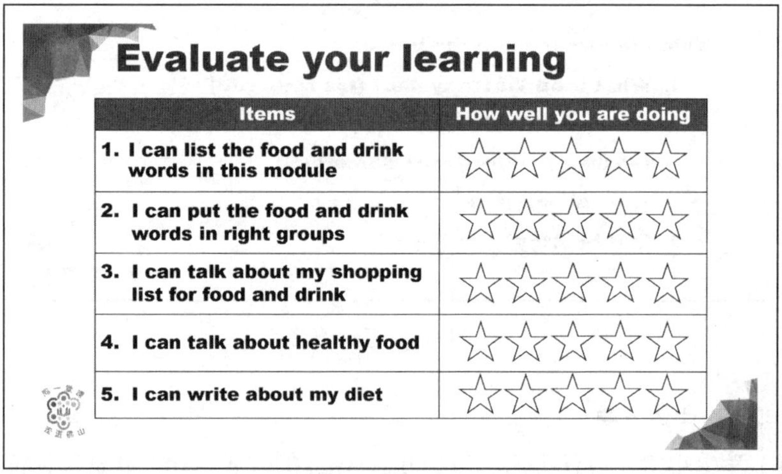

Evaluate your learning

Items	How well you are doing
1. I can list the food and drink words in this module	☆☆☆☆☆
2. I can put the food and drink words in right groups	☆☆☆☆☆
3. I can talk about my shopping list for food and drink	☆☆☆☆☆
4. I can talk about healthy food	☆☆☆☆☆
5. I can write about my diet	☆☆☆☆☆

图14-4-6　评价任务成果

（**设计意图**：引导学生对自己的学习过程和学习效果进行反思，培养他们的终身学习能力。）

Step 8：布置作业

基于本节课的任务，完成一篇菜肴介绍，要点包括：菜肴的食材有哪些？对Yuri而言，它是否是健康的？为什么？

【评析】

本节课是一节基于"健康食物"主题下的语言综合运用课。本节课例有以下几个特点：

1. 关注语言运用

本节课通过具体任务的达成培养学生用语言做事的能力，如以"To-do list"为主线，帮助学生在完成任务的过程中，与同伴一起在沟通与交流之中，用语言完成一系列的任务，如为聚餐做准备，按照程序做事情等，培养了学生的语言运用能力。

2. 关注合作学习能力

本节课的几个活动都需要小组成员的合作才能完成。每个小组成员都有自己的具体任务，而且该任务是任务达成所必须的，充分体现小组合作的本质。让学生在过程中体会合作的重要性。

3. 关注自主学习能力

本节课利用信息技术与英语教学的深度融合的优势，鼓励学生课前利用信息技术平台带来的便利，根据自己的学情需要，自主选择学习内容（如选择自己认读有困难的单词反复练习等）。此外，在上课过程中学生遇到生单词的情况下，老师也有意识地指导学生运用工具（E-dictionary）解决问题，这样的引导和实践大大培养了学生的自主学习能力。

二、基于人工智能学习平台开展的初二英语综合任务课教学案例分析2

课型：综合任务课

教学内容：外研版八下Module 10 Unit 3 Language in use. A8~11

设计指导：佛山市教研室 何润青；执教：佛山市南海区教育发展研究中心英语教研室 关敬章

1. 课例背景

本课例为2018年第十五届中学骨干英语教师·新课程教学高级研修班现场展示课。本课例以外研版八年级下册"Module 10 Unit 3 Language in use."为教学内容，授课学生为义乌市宾王中学八年级学生，授课教师异地借班授课。

2. 教材分析

教材模块任务是：Making a school radio programme.。语言知识方面，本模块重点是对宾语从句的复习。学生通过学习使用宾语从句，能够使用目标语言提供建议，谈论回忆中的事件。本模块的第一单元是关于教材学生人物参观广播电台的对话，第二单元是来自一名播音员的自述，通过插叙的手法紧凑地展开了播音员朝着自己的梦想不断努力的过程。第二单元一个写作练习要求学生模仿写出过去重要的经历。

第三单元包含了语法和词汇的活动。本课所涉及的第8-11个活动直指整个单元的任务，即制作一期校园电台节目，体现整个模块所学知识的综合运用。

3. 教学目标

基于教学材料的分析，本课的教学目标如下：

语言能力目标：

（1）运用宾语从句描述事件及个人观点，并选择正确的时态描述事件。

（2）学会用恰当的用语进行电台节目对话、报道等活动。

文化意识目标：

（1）了解世界其他地方的著名电台，尤其是非洲的Children Radio Foundation电台。

（2）有意识地向国际友人宣扬中国优秀传统文化。

思维品质目标：

理解、分析阅读语篇结构，并模仿语篇制定输出内容的框架。

学习能力目标：

（1）通过小组协作完成实操性强的任务：电台节目各环节的分工合作。

（2）利用多元化评价手段指导、反思小组任务完成情况。

（3）学生能综合运用本模块所学的语言知识、电台（话题）知识，完成模块任务，制作一期校园电台节目。

4. 教学重难点

学生综合运用前两个单元所学，完成模块任务。（如校园电台的采访环节需要学生在第一单元中锻炼的对话问答的听说能力，经历/故事分享环节需要学生在第二单元中积累输出的文本基础。）

制作校园电台节目所需除了语言能力以外，更需要学生的创造能力和思维能力，以及小组合作能力、录制成品的操作能力。

5. 教学过程

本课的教学过程分为课前、课中以及课后，教学过程如下：

【课前】课前准备

学生在人工智能学习上完成关于本班最热话题调查问卷（Chinese culture/music/ sports/ news等），教师通过人工智能学习平台布置任务。

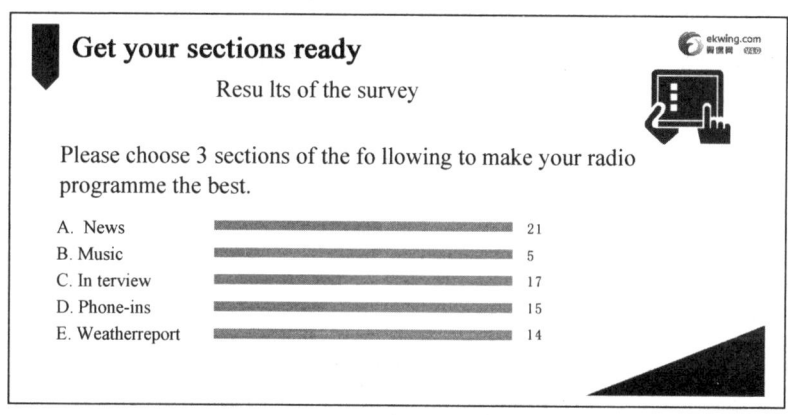

图14-4-7　课前调查数据

第一，学生通过网络搜索、浏览信息，了解世界各地的广播或电台的概况（每个组选择一个非国内地区进行研究）。

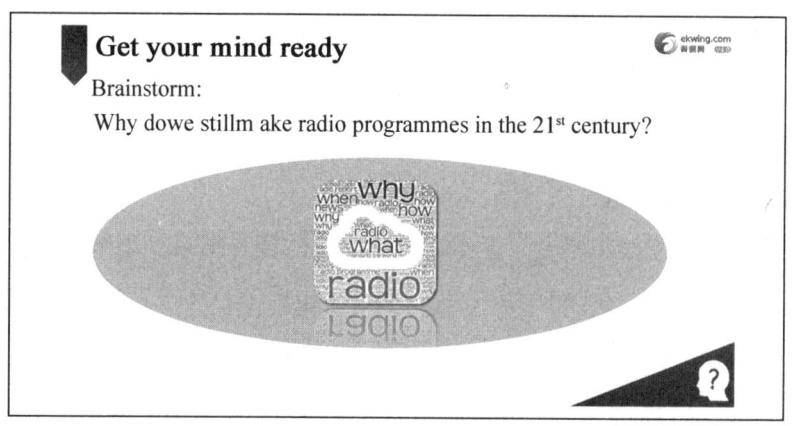

图14-4-8　课前头脑风暴

第二，学生举实例说明广播在生活中的作用、意义。

（**设计意图**：教师利用人工智能学习平台，让学生进行课前自主预习，让学生了解电台广播，调动学生已有的背景知识，为后续教学做铺垫。）

【课中】教学的开展

Step 1：任务呈现

以课本活动Activity 7的Around the world为过渡内容，引出组织Children's Radio Foundation，它为非洲乃至全球青少年提供发声及创作自己电台节目的机会。课本活动Around the world文章是关于一款手摇收音机的发明及普及的简介短文，教师引导学生通过思考、讨论培养思维品质，完成对全文信息点的把握以及对文本背后深层含义的理解。问题如下：

（1）Who is the clockwork radio invented for?

（2）What is special about the clockwork radio?

（3）Where was it first made?

（4）When was it first made?

（5）Why did Baylis invent the clockwork radio?

（6）How did it chang people's life in Africa?

教师分组及分解、明确任务，学生每4人组成一个小组，选择自己的组名，了解并协调组内分工。

通过情景的引入，布置本课任务，制作一期英文校园电台节目，用以与全球青少年分享。Children Foundation网站的介绍，让学生了解到同龄的非洲小朋友也能通过类似课堂上的任务活动制作出电台节目。

（**设计意图**：以课本的Around the world情景导入，激发学生的学习兴趣，呈现本课任务。）

Step 2：任务准备

利用人工智能学习平台，学生通过观察课前调查结果，小组讨论，初定电台节目的主要话题。在课前学生已完成关于"电台节目环节"的调查问卷。

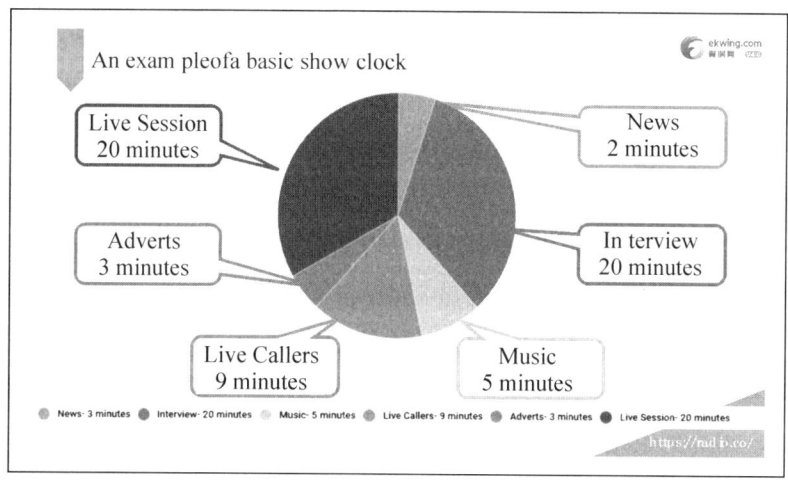

图14-4-9　呈现课前调查数据

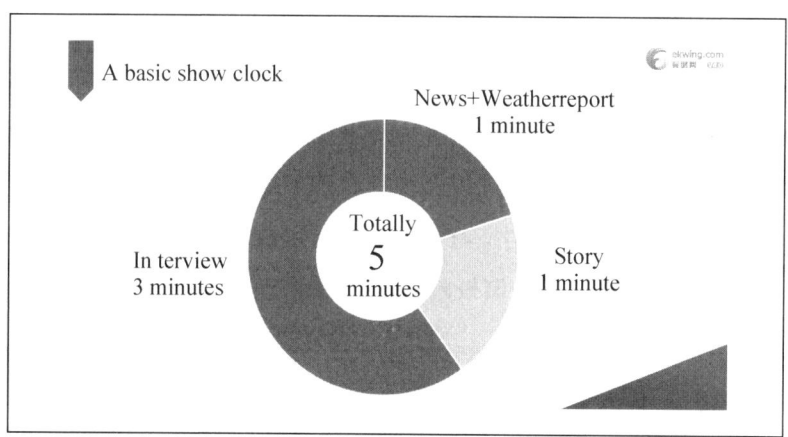

图14-4-10　确定五分钟节目内容

学生通过阅读课本Activity8的内容以及教师提供的文本及图表分析，讨论确定5分钟节目的结构。

（**设计意图**：让学生熟悉电台话题，并且确定电台主要话题，为制作电台节目奠定语言基础。）

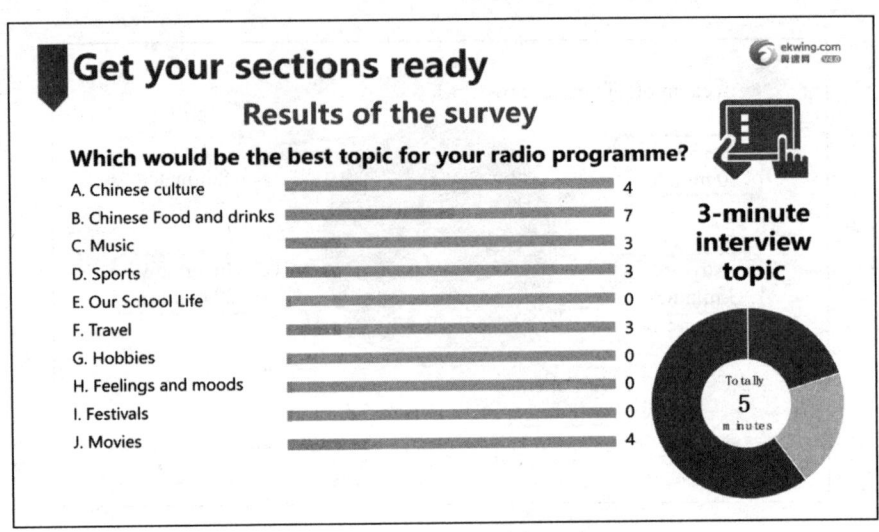

图14-4-11　课前调查数据

Step 3：电台节目制作

明确分工，学生根据兴趣及特长，进行小组电台节目不同环节的制作。环节由学生选定，如新闻、故事、天气预报、采访等。教师指导学生灵活运用本模块前两个单元所学（语言知识及技巧，加工第二单元的输出成果，创作对话）。教师引导学生进行录制练习，并根据评价表改进小组作品。学生通过人工智能学习平台的录音功能录制校园电台节目。

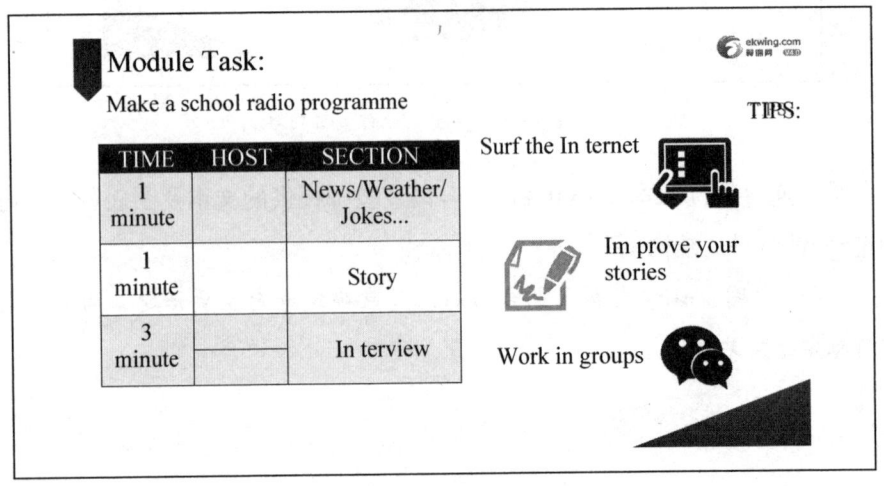

图14-4-12　呈现模块任务

（**设计意图**：学生小组合作，根据自己的兴趣特长，选定电台环节；利用多元评价手段，引导学生充分利用人工智能学习平台录音功能，录制校园电台节目。不仅锻炼学生的语言能力，更能培养学生思维和创造能力。）

Step 4：展示及评价（评选奖项）

教师通过人工智能学习平台展示部分小组的节目。（展示6个小组的第一个section，每组一分钟，耗时6—8分钟。）

师生共同根据评价表评价展示作品，通过人工智能学习平台选出 "The best host of section one"。学生进行同伴评价，讨论最佳作品要素。以此示范，帮助学生课后进行更多的收听和评价。

Assessment ② Our program me is on air.				
Items	great (5 pt.)	good (4 pt.)	not bad (3 pt.)	try harder (2 pt.)
Content (3 sections/ fun?)				
Pronunciation & Intonation (语音语调)				
Grammar& expression (宾语从句)				
Author			Point(pt.)	

图14-4-13　任务评价量表

（**设计意图**：学生利用人工智能学习平台根据评价表展示学生作品，通过师生评价、生生互评方式，讨论最佳作品要素，培养学生的合作学习能力，培养其思维品质。）

Step 5：作业

上传小组作品，并收听其他小组的作品，并通过人工智能学习平台进行评选，获奖作品将通过校园广播站向全校播放。

（**设计意图**：利用人工智能学习平台布置作业，学生在完成制作电台任务后，通过人工智能学习平台可以立即收听到其他小组的电台，相互学习评价。）

【评析】

本课例的信息技术与英语教学的深度融合主要体现在以下几方面：

1. 增强教师与学生之间的良好互动

通过投票等方式增加学生的参与感，同时投票结果可以作为课堂的一个有用的资源继续使用。在这个过程中，我们可以看到学生在投票上是有进行思考并且能提供理由的，因此在接下来的讨论环节学生往往能有更好的输出，并且与教师有更良好的互动。

2. 促进小组之间的交流合作

学生利用人工智能学习问卷数据，能快速准确定位电台话题以及受欢迎的电台模块，节约时间。电台节目制作能及时上传共享，小组之间相互学习评价，促进了教学效率。

第十五章

阶段反思与总结

　　从2018年6月开始，佛山市教研室组织全市各区一线优秀教师，对现使用的英语教材进行信息化资源的建设，并在网上免费开放共享成果。第一期是建设人工智能加持的初中英语基准教学资源（AI+FTR，下文简称"AI+基准教学资源"），以助力我市各区初中英语教学均衡发展为出发点，以英语学科核心素养为教育导向，融合现代教育信息技术元素，通过优化教育资源配置、提升教育资源质量来实现全市初中英语信息化教学资源得以丰富与完善。经过三个多月的推进与实施，外研版初中英语教材七八九年级六册书（共64个模块）与我市现行初中英语教材相配套的教学设计和课件，于2018年9月陆续投放到互联网，供佛山市五区的一线教师以及有需要的互联网用户免费使用。这套资源在第四届中国教育创新成果公益博览会上展示。

　　在第二期的"AI+基准教学资源建设"中，佛山市教研室组织外语信息化名师工作室的骨干教师团队从英语教学的需求出发，集合我市优秀教师资源，开发以广东省中考话题为纲的读写综合专练资源50篇和与我市现行初中英语教材相配套的同步话题作文64篇。本资源已于2019年3月全面上线到网络学习平台，供线上学习使用。在高质量的信息化教学资源的建设完善之后，我市初中英语教育就开始深入探索人工智能加持的掌握式英语教学模式。这套教学资源的建设为教学模式的实施提供了资源保障。

　　佛山市教研室的《人工智能加持的英语掌握式教学模式创新研究》（以下简称《创新研究》）于2018年被批准为2018年度广东省基础教育信息化融合创新示范培育推广项目，同时获得了二十万元的研究经费保障。《创新研究》

项目现已进入启动实施阶段。为了更深入和广泛地开展项目的研究、实践和推广，课题组设立《创新研究》的子项目，全市五区共有55个单位申报了该项目的子项目并已立项。各个子项目的实施方向分为：人工智能加持的英语掌握式教学模式的应用类（包括：基于学习分析的掌握式课堂教学、基于信息化学习资源的掌握式教学、基于学习分析的掌握式课堂学习评价、基于学习分析的掌握式学习成效评价）和人工智能加持的英语掌握式自主学习途径探索类（包括：基于信息化资源的词汇自主学习、基于信息化平台的写作训练、基于信息化资源的阅读拓展、基于信息化资源的语言能力提升）等。

现阶段，《创新研究》项目组已进行了三次子项目实施培训会和两个阶段的子项目实施情况汇报交流会。通过各个子项目在全市五区广泛的实施与探索，基于人工智能促进学生英语学科核心素养发展的研究得到更深入地推进和更广泛地应用。

本创新实践共同体聚焦学生英语学科核心素养发展，极具前瞻性。教育部基础教育课程教材工作委员会委员、教育部义务教育和普通高中英语课程标准研制和修订工作组核心成员王蔷教授认为英语课程改革主要是指三个方面：其一是关注学科育人价值；其二是关注学生思维发展；其三是关注学科核心素养。核心素养是指一个学生应具备的、能够适应终身发展和社会发展需要的必备品格和关键能力。因此，促进学生英语学科核心素养发展的研究对英语教学的发展必不可少。

随着教育信息化2.0的推进，基于人工智能促进学生英语学科核心素养发展的研究具有先进性。如今，互联网平台在英语教育中的应用越来越广，互联网人工智能平台能够弥补传统英语教学中数据分析速度慢、数据定位不精确的问题，能提升课堂教学的互动性和有效性。基于人工智能促进学生英语学科核心素养发展的研究秉持以英语学科核心素养为导向、融合人工智能学习元素的理念，通过对学生语言能力、学习能力、文化意识和思维品质的提升的实践，助力推进我市初中英语高水平信息化教育，极具有创新性和实用性。基于人工智能的英语教学模式，由于具备了资源多样性、平台互动性、数据精准性，大大增加了学生自主学习的可能性。

第六篇

研究总结

第十六章

研究结论

本课题组经过多年的实践探索，经过构建期、发展期和创新突破期的历练，培养学生自主学习的初中英语教学模式得到创新突破发展，有效地指导教师进行课程变革，有效提升了学生自主能力。体现如下：

1. 从教学模式构建的途径上看：从借鉴到自主开发，再到自主创新

2015年借鉴"EEA"模式，在实践上遵循"模式的借鉴——模式的实验——模式的反思——模式的修正"的模式，根据区域特色，进行修正。并在此基础上，适应时代发展需求，于2017年实现信息技术资源整合的教学模式，于2018年实现信息2.0的落地。在大数据与人工智能时代召唤下，自主创新的教学模式为：AI+SCP（Self-study-Corrective-Promotion，人工智能加持的英语掌握式教学模式）

2. 从教学模式的实施内容上看：从功能分类到单元整体设计

听说、读写、阅读、知识运用、复习等课型的功能性分散设计，仅能单一地提升学生的知识能力，对学生的自主能力发展产生了一定的阻碍，也割裂了知识点与能力上升过程中的联系。在"EEA"和"AI+SCP"教学模式下，通过单元整体设计，通过主体话题，有机地把语言能力、文化意识、学习能力和思维品质链接起来，增强了课堂的趣味性和人文性。

3. 从教学模式对课堂结构的影响上看：从被动到主动，从模糊到精准

从教学模式对课堂结构的影响上看：从教师主体到教师主导，学生被动驱使到自主投入，一致性转向个性关注，计划成效转变为多元的课堂生成。

在"教"与"学"互动的课堂上，"AI+SCP"的教学模式充分地调动了学生的主体地位，教师根据数据反馈，精准设定教学目标，并在数据的再次反馈下，有效调整教学步伐，实现对学生的个性关注。同时，课堂生成有了鲜活的特性，教师不再依据经验判断，而是依据客观数据的指引，标靶式定向解决学生实在的问题，使教学成效更有效。

4. 从教学模式对课堂效果的影响上看：从有效到高效，从高效到创新

教学模式在专家指导领进和多次大型英语教研活动的实践推进下，课堂成效得到肯定。课堂的节奏、层次在教学模式的引领下显露自然、清晰，深受全市教师的热爱，并乐意用于日常教学实践中，从而推进了教学模式的成效。在众多教师使用、反馈、修整与推进创新下，教学模式成效得到检验和成效。

5. 从教学模式的教研辐射上看：从市内到市外，从自用到共享

（1）区域影响。课题组从开始的市内5区进行教研探讨，发展至由省内多个单位组成的教研共同体，模式的有效性得到认可和普遍性实践。

（2）均衡辐射。在教学资源成果的创造性建设下，全市乃至全国使用外研版的学校，均能共同使用资源，大大减少了地区的教学水平差距，实现了资源均衡、水平均衡。

第十七章

研究者的思考

培养学生自主能力的教学模式得到教研实践活动的认证，对教师的意识和能力提出了新的时代要求。

1. 教师亟需提升教改意识

推动教学模式成果建设，教师的改变是关键环节。在信息2.0时代下，信息技术与教育教学融合创新已是大势所趋，无法逆转。每个教师都有自己的教学习惯和思维定势，教师教改意识的深化是推动教学模式成果建设的基础。每个教师对教改或有本能性拒绝，或有认知性障碍，甚至是职业倦怠，这对新技术、新思维、新模式的接受和使用都是最大的阻力。教师需要清晰时代所需，勇于创新，乐于接受新的教学方式，坚定信念，活动前行。

2. 教师亟需提升数据分析的能力

在教学模式下，大数据、人工智能平台等技术手段是教师教学技能的新内容。对及时反馈的数据进行分析，对智能平台的熟悉使用，都有助于教学计划的实施、教学目标的制定、以及教学节奏的调整。教师对数据的使用习惯、分析习惯和分析能力，直接影响着教学方向。

3. 教师亟需加强创新实践

教育教学新时代，给予教师广阔的空间，实现教育教学创新。教无定法，教学模式不可能一成不变，也不可能完美无瑕。教师需要针对学生的成长特点和个性特征，在教学技能技巧上保持思考，不断创新教学方式方法，创新教学生态，打造开放欢乐的教学，享受教学的乐趣。

这一项研究持续了将近十年，在区域共同体的不断合作、磨合中不断改进，在不同课程教学理念的引导下兼收并蓄、与时俱进，并且针对不同时期不断推陈出新，推出更适合时代特点的教学模式。教师是课堂一线的实践者，是教学科研的思考者，是教育经验的提炼者。唯有把握好教师的角色定位，才能在教学科研上独树一帜。